첫 문장 쓰기가 어렵다고요?

첫 문장 쓰기가 어렵다고요?

조현주 지음

머리가 새하얘지는
당신을 위한
21일 글쓰기 훈련법

SEOLREM
설렘

프롤로그

21일, 글쓰기로 인생을 리셋하라

지금까지 살면서 다양한 경험을 해왔다고 생각한다. 고군분투했던 지난날의 인생을 돌아보면, 거기엔 하나의 큰 획이 있었다. 그건 바로 '글쓰기'였다. 하지 않으려고 다른 일들에 기웃기웃해도 결국 내가 하는 건 글쓰기와 관련된 일이었다. 몇 번을 헤어졌다 다시 만나는 연인처럼 또는 부담이 없는 편한 친구처럼 그렇게 함께 성장했다. 난 방송 · 연극 · 뮤지컬 대본부터 에세이, 자기계발서, 칼럼까지 여러 장르의 글을 써 왔다. 글로 돈을 벌기도 했고, 누군가에게 인정을 받고, 힘든 시간을 이겨내기도 했다.

하지만 글을 쓰면서도 내가 '글 쓰는 사람'이란 사실을 인정하기 싫었다. 할 수 있으니 하는 것일 뿐 좋아서 하는 일은 아니라는 생각을 했다. 글을 쓰는 행위는 나에게 '일' 그 이상도 이하도 아니었기에, 글을 써야 하는 당위성이나 보상이 없으면 쓰지 않았던 것도 사실이다. 조금 더 어린 시절엔 다양한 것들에 관심이 있고 마음만 먹으면 모두 다 할 수 있다고 믿었다. 그리고 세상엔 글쓰기 말고도 재미있는 것들이 참 많았다. 그러다 보니 글쓰기는 항상 뒷전이었고, 일할 때도 항상 마감 날짜가 임박해서야 몰아서 글을 쓰는 습관이 있었다. 일이 규칙적이지 않은 탓에, 밤을 새울 때도 있었지만 그러한 삶에 로망이 있어 나름 즐기고 있다고 생각했다.

시간이 지나면서 나의 삶이 무너져 가고 있다는 것을 알았다. 밤늦게까지 깨어 있는 생활을 하다 보니 아침에 일어나는 게 싫고, 일어나도 뭘 해야 할지 몰랐다. 의식적으로 생활 방식을 바꿔야겠다고 생각했다. 진정한 나의 능력을 찾고, 키우고 싶었다. "연기력을 키우고 싶다면, 너 자신을 키워라." 안톤 체호프가 연기자들에게 한 말이다.

'나를 키우기 위해 무엇을 해야 할까?' 생각했다. 나를 키우려면 나에 대해 알아야 한다. 그래서 나는 나를 탐험하기로 했다. 일단 '나에 대한 글쓰기'를 매일 일정 시간 정해서 해보기로 했다. 처음엔 습관이 들지 않아 힘들었다. 빈 화면의 깜박이는 커서만 보면서 보낸 날도 있었다. 하지만 포기하지 않고 난 그동안 내가 했던 경험들과 나에 대한 글을 쓰기 시작했다. 그러다 책을 쓰고 싶다는 열망이 생겼고, 그렇게 꾸준히 쓴 습관 덕에 첫 책을 완성할 수 있었다.

책을 완성하는 일은 내 글쓰기의 임계점이 되었다. 어떤 일이든 임계점에 도달하기 전까지 많은 유혹과 포기하고 싶은 마음에 사로잡히기 마련이다. 하지만 꾸준히 하다 보면 임계점에 도달하고, 임계점을 넘는 순간이 온다. 그 후에는 그 일이 쉽고 즐거워진다. 나에겐 글쓰기가 그랬다. 처음에 한 장을 쓰기도 어려웠는데, 그다음 책을 쓸 때는 집중해서 15일 만에 초고를 완성했다. 그야말로 A4 용지 위에서 글이 춤추는 것 같은 느낌을 경험했다. 그 한 번의 경험이 나를 계속해서 쓰는 작가로 만들어 주었다.

그렇게 내 인생은 글쓰기로 리셋이 되었고, 난 꾸준히 좋은 습관을 유지하면서 하루하루를 살고 있다. 아침에 일어나는 게 극도로 싫고 우울했는데, 이제는 아침이 기다려진다. 그리고 글을 쓰면서 행복함을 느낀다. 지루하다고 생각했던 행동을 규칙적으로 하며 활력을 찾고, 성장과 발전을 하고 있다. 처음, 한 달 동안 꾸준히 했던 글쓰기가 나를 이렇게 바꿔 놓았다.

습관이 형성되기 위한 최소한의 기한은 21일이라고 한다. 의식적으로 노력하지 않고, 자동으로 하고 있을 때 우리는 '습관'이 형성되었다고 말한다. 새로운 행동을 입력해 놓을 기억 세포가 만들어지는 최소한의 시간 21일 동안 집중해서 뭔가를 한다면 못 이룰 일은 없으리라 믿는다.

『첫 문장 쓰기가 어렵다고요?』는 글쓰기를 하고 싶은데 어디서부터 어떻게 시작해야 할지 모르는 사람, 나를 알고 싶은 사람, 더 나아가서는 자신의 이야기가 담긴 책 한 권을 완성하고 싶은 사람들을 위한 책이다. 글쓰기 습관을 만들어서 더 행복한 인생을 산다는 초점에 맞춰 구성되어 있다. 하루 10분을 내서 쓸 수 있도록 짧은 미션을 담았다. 글을 쓰면서 활용할 수 있는 다양한 방법들을 제시한다. 매일 하루 10분, 21일을 꾸준히 한다면 글쓰기에 대한 두려움이 없어지고, 글쓰기로 여러 도전을 할 수 있다.

글을 쓰는 사람은 자신의 삶에 주도권을 가지고 스스로 힘을 키워나간다. 글쓰기는 나를 더 잘 알게 해 주고, 세상과 더 잘 소통하는 방법을 알게 해 준다. 삶에 긍정적인 활력을 주고, 열정과 명확함을 갖게 한다. 이 책은 글쓰기를 시작하는 사람들에게는 더없이 좋은 친구가 되어줄 것이다. 이제 21일, 글쓰기 습관의 여정으로 함께 떠나보자.

조헌주

차례

2장 하루 10분, 글쓰기가 쉬워진다

3장 21일 만에 완성하는 글쓰기 전략

2단계 일상을 관찰하며 글쓰기

3단계 다양한 방법으로 글쓰기

4단계 한 단계 더 나아가기

4장

완벽한 글이 되는 처방전

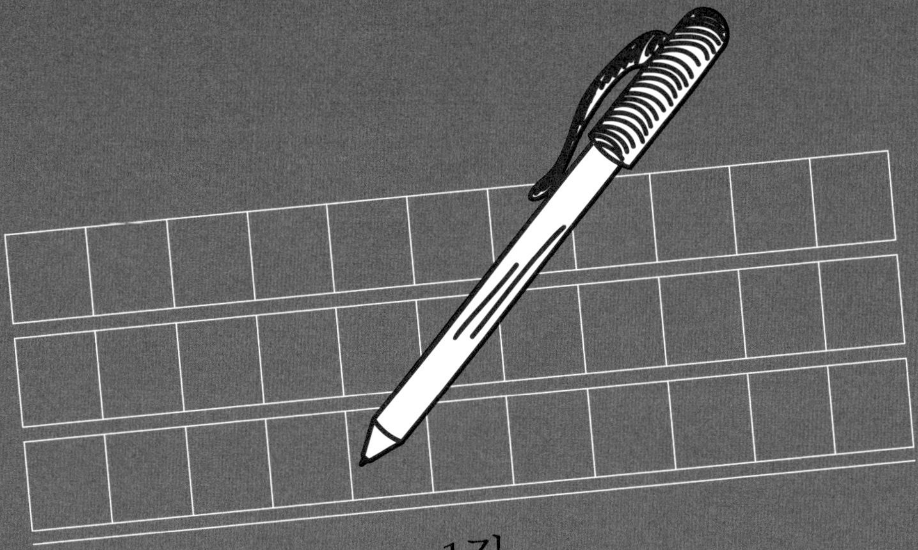

1장

글쓰기 습관으로 삶이 바뀐다고?

1
삶의 구원이 되어 준 글쓰기

누구나 인생에서 자신만의 '리즈' 시절이 있을 것이다. 자신의 인생에서 최고의 전성기라고 말할 수 있는 그런 시기 말이다. 그때는 애쓰지 않아도 모든 일이 술술 풀리고, 자신의 노력과는 별개로 넘치는 축복을 받게 된다. 계속 그런 기쁨과 축복만 가득한 인생이면 얼마나 좋을까? 하지만 우리는 반대의 상황도 많이 겪는다. 아무것도 하지 않았는데 삶이 나락으로 떨어지는 것만 같은 그런 위기의 순간을 맞닥뜨리기도 한다. 좋은 시기가 있으면 힘든 시기도 있고, 우리는 그러한 인생의 파도를 타며 살아가게 된다.

나에게 아직 '리즈' 시절이라고 말할 수 있는 시기는 아직 오지 않은 것 같고, 위기의 순간은 몇 차례 겪었다. 그리고 그러한 힘든 시간은 어떤 인과관계에서 주어지는 것만은 아니다. 인과관계에 의한 것이라면 내가 어떤 행동을 했기 때문에 결과가 그렇게 주어지는 것인데, 딱히 내가 무슨 일을 하지 않아도 주변의 상황들로 힘든 일을 겪을 수도 있다는 것이다. 하지만 단 한 가지 분명한 사실은, 위기의 순간은 예고하고 오지 않는다는 것이다. 스멀스멀 다가와 어느 순간 부정적인 감정으로 나를 잠식할 수도 있다.

이때 특히 조심해야 할 건 바로 '무기력'이라는 감정이다. 걱정되는 일, 힘든 일이 있을 때는 다른 어떤 것을 할 마음이 생기지 않는다. 심지어 먹는 것조차 싫어지며 '왜 살아야 할까?'에 대한 근본적인 질문을 하게 된다. 긍정적인 방향이 아닌 부정적인 방향으로 생각이 치우치며, 마음대로 되지 않는 세상을 한탄하게 된다. 그땐 어떤 사람의 조언도 들리지 않는다. 힘이 되는 긍정적인 이야기를 들어도 나와는 상관없는 이야기인 것만 같다. 열심히 살아보겠다는 의지와 삶의 활기는 온데간데없고, 마음의 땅굴을 파고 더 깊이 내려갈 뿐이다.

나 또한 힘든 일이 한꺼번에 닥쳤던 시절이 있었는데, 그때 내가 할 수 있는 일은 그저 침대에 누워 있는 일뿐이었다. 뭔가를 할 의욕도, 힘도 생기지 않았기 때문이다. 행동도 마음에 활력이 있어야 할 수 있으니까. 그렇게 몇 날 며칠을 지내던 무렵의 어느 날, 마음속에 어떤 글귀 하나가 스쳐 지나갔다. 오래전에 봤던 책에서 나왔던 말인데 그 순간에 생각이 난 것이다.

"기록하는 것은 반드시 현실로 이루어진다."

고대 이집트인들의 오래된 믿음이 담긴 글귀다. 하지만 이 글귀 앞에서도 난 이런 생각을 했다. '아무것도 하기 싫은데 뭘 기록해? 기록만 해서 다 이룰 거였으면 못 이룰 게 없게?' 자꾸만 부정적인 생각이 들었다. 하지만 아무것도 할 수 없는 현실 앞에 뭐라도 끄적여야겠다는 생각이 들었다.

나는 빈 종이를 준비하고 책상에 앉았다. 책상에 앉는 일이 이렇게 어색한 일이 될 줄은 전에는 예상하지 못했다. 빈 종이를 놓고 가만히 들여다보는데 쓸 말이 생각나지 않았다. '도대체 여기에 뭘 써야 하는 거지? 내가 원하는 건 뭐지?' 생각하며 한참을 바라보기만 했다. 글을 써야 하는 목적과 주제가 없었다. 이제까지 난 일을 위한 글만 써 와서 목적이 없는 글을 쓰는 것에 서툴렀다.

불현듯 '누가 보는 거 아니니 마음에 떠오르는 대로 한 번 써보자.' 하는 생각이 들었고, 나는 떠오르는 생각을 거침없이 적어 내려가기 시작했다. 그건 글을 쓰는 게 아닌 나의 마음을 담아내는 일이었다. 처음에는 어려웠지만 계속 쓰다 보니 술술 써졌고, 어느새 A4 용지 한 장을 다 채우고 있었다.

그때 '지금까지 난 누군가에게 보이기 위한 글을 써 왔구나.' 하고 깨달았다. 그렇게 나도 모르는 사이 계속 남을 의식하는 삶을 살아왔던 것이다. 글을 쓰면서 쿡쿡 찔리는 듯이 마음이 너무 아팠다. 지나간 일들의 후회, 잘못, 그리고 지금 나의 마음. 여러 복합적인 감정이 뒤엉키다가 끝에 가서는 뭔가 후련한 감정이 들었다. 마음속에 떠오르는 '아무 말'을 쓰면서 마음이 정화되었다. 실컷 울고 난 뒤 마음이 후련해지는 효과와 비슷하다고나 할까. 비록 다시 읽었을 땐 봐줄 수 없는 글이라고 해도 말이다.

예전의 나는 이유가 있어야만 글을 썼다. 최소한의 밥벌이를 하기 위한 행위였다고도 볼 수 있다. 하지만 진정으로 글쓰기의 기쁨을 느끼지 못했다. 그런데 이렇게 나를 들여다보는 글쓰기, 내 경험을 돌아보는 글쓰기를 하면서 난 진정으로 자유로움을 느꼈다. 어떤 형식에 얽매이지 않고, 누군가에게 보여주기 위한 글도 아니었기 때문이다. 글을 쓰는 동안 엉켜 있던 감정이 정리되고, 치유되었다는 건 부정할 수 없는 사실이다.

아무리 열심히 살아도, 노력해도 좋지 않은 일이 일어날 때는 억지로 막을 수 없다. 그리고 감당하기 힘든 일 앞에 마음이 지쳐가고 우울해진다. 내가 그 상황을 바꿀 수는 없지만, 적어도 내 마음은 바꿀 수 있다. 그리고 마음이 변하면 상황도 변화하기 마련이다. 그 마음은 글쓰기를 통해 바뀌 갈 수 있다. 글쓰기가 나에게 구원이 되었던 것처럼 말이다.

2

인생의 불청객, 우울증이 찾아왔다면

우울증은 예고하고 오지 않는다. 자신도 모르는 사이에 서서히 우울에 잠식당하게 하여 무기력한 상태로 만들어 놓는다. 우울증에 대해 미리 알아채면 좋겠지만, 우리는 대부분 자신의 마음을 모른 채 살다가 우울증을 진단받곤 한다. 그리고 한꺼번에 무너지는 마음을 경험한다. 우리가 대부분 우울해질 때는 언제일까.

1. 하기 싫은 일을 해야 할 때
2. 열심히 하는데 생활이 나아지는 것 같지 않을 때
3. 하고 싶은 것을 하지 못할 때

나 또한 살아오면서 우울감을 크게 느낀 적이 두 번 있었다. 한 번은 방송 작가를 했을 때 나와 맞지 않는 프로그램을 하면서이다. 방송 프로그램 종류로는 예능, 교양, 다큐멘터리 등 여러 종류가 있다. 그때 난 연예 정보 프로그램을 맡았다. 누군가는 재미있게 할 수 있지만, 나와는 맞지 않았다. 대부분, 연예인들의 정보를 캐내는 일인데 나는 그게 싫었고 일하면서 의미와 보람을 느끼지 못했다.

하지만 마음 한쪽에선 방송 작가를 하려면 어떻게든 넘어야 할 산이 아닐까 하는 생각도 들었다. 그리고 고통스러워하면서 일을 꾸역꾸역 했다. 그런데 프로그램을 맡은 지 한 달 만에 나는 평생 해본 적도 없는 생각을 한다. 바로 지나가는 차에 치였으면 하는 생각이었다. 그렇다면 생방송을 하지 않아도 될 텐데 하는 위험한 생각 말이다. 어떤 위기 앞에서도 긍정적인 줄 알았던 내가 그런 생각을 떠올렸다는 사실에 한 번 놀랐다. 그리고 난 점점 피폐해져 갔다.

이후 고통이 극에 달했을 때, 난 그 일을 놓아야겠다는 생각을 했다. 내가 있어야 일도 할 수 있는 것이고, 내가 없으면 일도 없는 것이다. 하지만 이미 나를 잠식한 우울감은 자꾸만 나를 갉아 먹었다. 우울감에서 빠져나오기 위해 노력하면서 삶에서 제일 중요한 건 '나를 아는 일'이라는 생각이 들었다. 그리고 모든 것을 다 할 수 있어야 한다는 강박관념 또한 버려야 한다는 것을 깨달았다. 나를 알지 못하면 학대하게 된다. 그게 나를 죽이는 일인지도 모르고 말이다. 그리고 병을 키운다. 결국, 자신의 마음만 지킬 수 있다면 우울증은 잘 물리칠 수 있다는 사실이다.

우울증에 잠식당하지 않으려면, 수시로 나의 마음을 들여다보고 내 마음이 어떤지 알아차리는 것이 중요하다. 우울증이 나를 잠식하던 때, 감정이 바닥 끝까지 꺼졌다가 더는 내려갈 데가 없다고 느꼈을 때, 난 글쓰기를 하면서 나의 마음을 계속해서 객관적으로 들여다보았다. 지금도 나의 마음을 끊임없이 들여다보는 훈련을 한다.

그렇게 본격적으로 남의 글이 아닌 나의 글을 쓰면서 우울증이 치료되었다. 본격적으로 책을 쓰기 시작하면서 우울증이 사라진 것 같다. 모든 상황이 내게 의미가 생기고, 나의 시선이 달라지고, 마음이 달라졌기 때문이다. 책을 쓰다 보면 자신의 인생을 돌아보게 되고, 자신이 걸어온 모든 발걸음이 의미 있었다는 생각이 든다. 힘들었던 상황들까지도 말이다. 어떤 상황에서도 자신의 마음을 지키는 법을 배우게 된다.

무엇보다 우울감이 닥칠 때는 누군가와 비교할 때가 아닐까 한다. 비교하면 할수록 우울감은 더 크게 다가오는 것 같다. 우울증을 극복하는 가장 좋은 방법은 생각 끊어내는 연습을 하고, 지금 현재에만 집중하여, 내가 조금이라도 할 수 있는 일을 하면서 내 몸을 움직이는 것이다. 사실 우울감은 감사의 마음을 잃을 때 드는 것 같기도 하다.

요즘 우울감이 생겼다. 자꾸 내 위치에 대해 부정적인 마음이 생기는 것이다. 내가 그동안 경험하고 해낸 일이 많음에도 불구하고 자꾸 내게 지금 없는 것에 골몰하고, 해야 하는 일을 못 하고 있다는 불안함에 휩싸인다. 때로는 평범하게 가정을 이루어 사는 누군가와 비교하면서 내가 한심하다고 느낀다. 그런다고 뭐가 달라지는가.

그래서 내가 내린 특단의 조치는 '하루 시간 일기장' 쓰기다. 하루라는 시간을 쪼개 시간별로 무엇을 했는지 적는 것이다. 시간 일기장을 쓰다 보면 지나간 과거를 후회하는 일과 다가올 미래를 걱정하는 시간이 줄어든다. 지금 나에게 주어진 시간을 소중히 여기고 집중하게 된다. 그 시간에 집중하면 '몰입의 쾌감' 또한 느끼게 된다. 지금 내가 해야 할 일만을 생각하다 보면 다른 우울한 마음이 틈타지 않는다. 가끔 우울한 마음이 비집고 들어올 순 있다. 하지만 이러한 훈련이 되어 있으면 금방 우울감에서 벗어날 수 있다.

또 한 가지 한 행동은 소소한 행운 일기를 쓰는 것이다. 요즘 많은 사람이 감사 일기를 쓰는데, 난 행운 일기를 쓴다. 나에게 행운이 있었던 일을 떠올리며 더불어 감사하게 된다. 소소한 행운 일기를 통해 나는 언제나 행운이 따르는 사람이란 것을 인지한다. 그리고 그렇게 항상 인식하다 보면 더 많은 행운이 나에게 찾아온다.

이렇게 하루 시간 일기와 행운 일기를 쓰면서 우울증을 극복해 나갔다. 남과의 비교가 아닌 어제의 나와 비교하며 성장하는 나 자신을 칭찬하며 자존감도 높아졌다. 기록하다 보면 내가 할 수 있는 일이 많다는 것을 알게 된다. 비록 자신이 원하는 상황이 아니더라도 그 속에서 누군가를 탓하기보다 내가 당장 할 수 있는 일을 찾게 된다. 그리고 그 일에 집중하면서 나의 세계는 조금씩 변해가는 것이다. 그렇게 항상 행복할 순 없어도, 거의 행복한 매일을 살 수 있게 된다.

3
정리할 때는 한 번에 하나씩

MBTI가 처음 알려지고 유행했던 시절이 있다. 지금은 여기저기서 광범위하게 사용되고 있지만 말이다. MBTI(Myers-Briggs Type Indicator)는 자기 보고식 성격 유형 검사 도구이다. 스위스의 정신분석학자인 카를 융(Carl Jung)의 심리 유형론을 토대로 마이어스(Myers)와 브릭스(Briggs)가 고안한 16가지 심리 유형을 볼 수 있다. 거기엔 4가지 분류 기준이 있는데 외향-내향(E-I) 지표, 감각-직관(S-N) 지표, 사고-감정(T-F) 지표, 판단-인식(J-P) 지표이다.

난 검사 결과 ENFP 심리 유형을 보이는 사람이다. 외향적이고, 직관적이며, 다소 감정적이고, 인식적이기에 계획이 변경되더라도 큰 스트레스를 받지 않는다. MBTI를 통해 다른 사람의 성격적 특성을 알고, 왜 그러한 행동을 하는지에 대해 이해할 수 있기에 가끔 난 다른 사람들에게 MBTI를 물어보곤 한다. 그리고 협력해야 할 일이 있을 때 상대방의 MBTI를 알고 있으면 큰 도움이 된다.

네 가지 분류 중, 정보 수집을 포함한 인식의 기능을 나타내는 감각-직관(S-N) 지표를 쉽게 설명할 때 난 '숲과 나무' 비유를 하곤 한다. 감각(S)형은 나무 한 그루 한 그루를 보며 나아갈 수 있는 사람, 직관(N) 형은 숲 전체가 들어와야 마음이 편한 사람이라고 말이다.

나는 무슨 일을 할 때 주변 정리부터 하는 편이다. 내가 있는 공간, 내가 하는 일을 컨트롤하기 위해선 전체 그림이 머릿속에 들어와 있어야 하는데, 정리가 안 되어 있으면 집중이 힘들기 때문이다. 다른 것들에 마음을 빼앗기지 않기 위함인데, 정리하는 태도는 이제 완전한 나의 습관이 되었다. 공간 정리뿐 아니라 공부를 할 때도 정리하고 요약하는 습관이 있다.

우리는 살면서 끊임없이 정리해 나간다. 정리는 비단 눈에 보이는 것만을 의미하지 않는다. 나의 감정 정리일 수도 있고, 누군가와의 관계 정리가 될 수도 있다. 혹은 눈에 보이는 물건과 공간 정리, 업무와 공부에 관한 정리가 될 수도 있다. 한 가지 분명한 사실은 정리를 잘하면 기분도 좋아지고, 일의 능률도 높일 수 있다는 것이다. 세계 상위 몇 % 안에 드는 부자들은 아침에 일어나서 반드시 침대 정리를 하는 공통된 습관이 있다고 하는데, 이 또한 비슷한 맥락으로 이해할 수 있지 않을까.

정리를 잘하면 좋다는 건 알지만, 어떻게 해야 할지 모르는 사람들도 있다. "난 왜 이렇게 정리를 못 할까요?", "정리를 잘하려면 어떻게 해야 해요?"라고 물어보는 사람도 있다. 어쩌면 너무 큰 것들을 바라보기 때문에 정리가 힘든 것이 아닐까. 물건이나 공간을 정리할 때 어질러진 전체를 보고 있으면 누구라도 막막해진다. 그땐 전체를 부분으로 나눠 보기를 추천한다. 그리고 순서를 정해서 하나씩 해나가면 된다. 이때는 숲보다는 나무를 보는 능력이 요구될 것이다.

최근 난 이사를 했다. 오랫동안 이사를 하지 않아 공간에 물건들이 많이 쌓여 있었다. 평소 정리를 잘한다고 자부했던 나도 많은 물건을 어떻게 정리해야 할지 몰랐다. 물건을 잘 버리지 못하는 성격이기도 했고, 전체를 보고 있자니 한숨만 나왔다. 이때 난 부분 전략을 쓰기로 했다. '전체를 다 한 번에 하려고 하지 말고, 조금씩 한 부분만 하자.' 이렇게 생각하니 마음이 한결 편해졌다. 그리고 난 '한 번에 하나씩'만 정리하기 시작했다. 그랬더니 복잡했던 마음도 편안해지면서 어느 순간 물건도, 공간도 깔끔하게 정리가 되어 있었다. 정리에 앞서 마음이 복잡하고, 한숨만 쉬고 있는 분들은 큰 것들을 다 해야 한다고 생각하지 말고 '한 번에 하나씩'만 생각했으면 한다.

'한 번에 하나씩' 정리 기법은 책을 읽고 요약할 때나 글을 쓸 때도 활용할 수 있다. 오랫동안 아이들을 지도해 왔는데 요약과 정리를 힘들어하는 친구들을 많이 만났다. 그건 평소에 정리하는 습관이 되어 있지 않아서이기도 하고, 처음에 어떻게 해야 하는지 배우지 못해서기도 하다.

책을 읽고 요약을 할 때도 마찬가지로 한 번에 한 문장씩을 쓰게 하며 쉽게 설명해준다. 책의 내용을 한 문장으로 요약하면서, 책이 어떤 이야기를 하고 있는지 키워드부터 살핀다. 그리고 어떤 책이든 처음에는 주인공에 대한 소개가 나와 있기에 주인공에 대한 특징이나 성격을 쓴다. 그리고 주인공이 한 일들을 순서대로 떠올리며 한 문장씩 이어가다 보면 어렵지 않게 책의 내용을 요약할 수 있다. 전체 문장을 강조하는 것이 아닌 '한 문장 써 내려가는 것'에 중점을 두고 쓰다 보면 아이들도 흥미를 느끼고, 어렵지 않게 정리를 해나가는 것을 볼 수 있다. 그 이후 할 수 있다는 자신감이 높아지는 것을 발견한다.

글로 생각을 정리할 때 어려움을 느끼는 사람들은 너무 많은 생각에 과부하가 걸려 그런 건 아닐까 생각해 보자. 그때는 전체를 보지 말고 부분을 보면서 조금씩 해나가자. '한 번에 하나씩'만 하겠다고 생각하면서 말이다. 그러다 보면 내 생각을 쓰는 글도, 마음도, 또한 내가 있는 공간도 말끔히 정리되어 있을 것이다.

4

글쓰기는 인생에서 가장 큰 무기다

글쓰기는 나에게 언제나 고통이었다. 어떤 사람은 글쓰기가 간절히 하고 싶어서 한다고 하는데 난 그 말을 잘 이해하지 못했었다. 글쓰기를 좋아해서 글과 관련된 직업을 가졌다기보다는 그나마 내가 제일 잘 할 수 있는 일이 무엇일까를 고민하다가 자연스럽게 글쓰기 관련 학과를 진학했고, 직업을 가졌기 때문이다.

나는 그렇게 오랜 시간 동안 글 쓰는 일을 해 왔다. 방송 작가로 몇 년을 일했고, 칼럼, 홍보 기사, 극 대본 등 다양한 글을 써 왔다. 그렇기에 글쓰기는 나에게 숨 쉬듯 자연스러운 일이었다. 그렇게 좋아하지는 않아도 말이다. 그러다 난 나의 마음을 글로 쓰면서 내가 참 나에 대해 모르고, 나에 대해 글을 쓰는 일이 서툴다는 것을 알았다.

활자 중심에서 영상 시대로 변모했다는 건 누구나 다 아는 사실이다. 하지만 가만히 들여다보면 텍스트의 중요성은 그 어느 때보다 커지고 있다는 것을 알 수 있다. 그건 바로 비대면 시대가 왔기 때문이다. 예전에 대면하며 말로 하던 일도 이제는 문자로 간단히 처리할 수 있다. 직업에 대해 생각하는 사람들의 인식도 바뀌어 가고 있다. 직장을 가져야 하고, 직장에서 일해야 한다는 당연한 사실도 깨지고 있다. 많은 사람이 어디서나 자유롭게 자신의 능력을 펼치며 일할 수 있는 '디지털 노마드'에 도전하고, 이미 그렇게 살아가고 있는 사람도 많다. 비즈니스의 중심이 오프라인에서 온라인으로 옮겨져 왔고, 그만큼 우리는 글로 소통할 일이 많아지고 있다.

이 시대에 무엇보다 잘 적응하고 잘 살아가려면 '글쓰기 능력'은 우리가 갖추어야 할 필수 요소이다. 에어비앤비 창업자 체스키는 "글쓰기는 경영과 삶에 있어 가장 강력한 도구"라고 했다. 이 시대가 아니어도 글쓰기 능력은 예전부터 중요했다. 사실 우린 학교 교육에서부터 글쓰기를 하게 되고, 대학생이 되어서는 리포트를 써야 한다. 학교를 졸업했다고 해서 글쓰기에서 벗어날 수는 없다. 회사원이 되어서도 보고서를 써야 하고, 회사원이 아닌 사업을 한다고 하더라도 우리는 홍보를 하기 위한 홍보 글을 써야 한다. 세상 모든 일이 글쓰기와 연관되어 있다는 사실이다.

코로나 시대 전부터 재택근무를 도입했던 오토매틱 창업자이자

CEO인 매트 멀렌웨그는 이렇게 말한다. "이메일로 첨부된 서류, 양식, 글꼴, 서체, 복사 기능 사용 여부 등을 꼼꼼히 확인한다. 하지만 당락을 결정하는 가장 중요한 기준은 글을 명확하게 쓸 줄 아느냐다. 글의 명확성이 곧 사고의 명확성을 나타내는 지표라고 굳게 믿는다. 디지털 시대가 발전하면 할수록 글을 쓰는 사람이 기회를 얻게 될 것이다. 오늘날 큰 성공을 거두는 사람들 모두는 말하기와 글쓰기에 탁월한 실력을 갖추고 있음을 우리는 어렵잖게 발견한다." 라며 글쓰기의 중요성을 강조하고 있다.

많은 사람이 글쓰기의 중요성을 알고, 잘 쓰고 싶어 한다. 문제는 어떻게 시작해야 할지 모른다는 사실이다. 주입식 사고에 익숙해진 우리는 어떻게 자신을 표현해야 할지 모른다. 글로 표현을 할 때 내가 가지고 있는 지식과 생각을 꺼내 조합하고 응용하며 정리하는 작업을 거치게 되는데 이러한 글쓰기 과정에는 훈련과 습관이 필요하다.

처음부터 잘하는 사람은 없다. 배우면서 잘하게 되고, 쓰면서 자신도 모르게 발전하게 된다. 생각해 보면 내 글쓰기 실력도 자연스럽게 형성되고 발전했다고 볼 수 있다. 어렸을 때는 틈나는 대로 책을 읽으면서 자연스럽게 글과 친해졌고, 글의 구조를 알게 되었다. 글쓰기도 다 같은 분야가 아닌 각각의 목적에 맞는 글쓰기 방법을 알아야겠다는 생각에 관련된 전공을 하면서 한 분야씩 배워 나갔다. 결국엔 하나의 맥락이긴 하지만, 분야별로 글을 쉽게 쓰는 방법은

다 있다는 것을 알게 되었다. 그렇게 배워가면서 긴 시간 동안 헤매던 글쓰기가 날갯짓을 하기 시작했다.

글쓰기를 하면서 많은 기회를 얻게 된 것도 사실이다. 일단 글쓰기를 하면 명확성을 갖게 되고 글을 이해하고 해석하는 능력이 좋아진다. 그리고 그것을 실생활에 적용하게 된다. 바로 요즘 말하는 '문해력'이 좋아진다. 문해력이 좋아지면 실생활에 접목할 수 있는 부분이 많아져 업무 능력도 향상하고, 많은 기회가 올 수 있다.

글쓰기의 중요성도 알고, 잘 쓰고 싶은데 어떻게 시작해야 할지 모르겠다는 사람에게는, 아주 조금씩 그 맛을 들여보라고 하고 싶다. 다른 어떤 글보다 제일 중요한 건 자신을 알게 되는 글이고, 자신을 발견하는 글이기에 일상 글부터 적기 시작하면서 자신의 글쓰기 반경을 넓혀가라고 말하고 싶다. 꾸준히 쓰다 보면 글쓰기가 인생의 무기가 될 날이 반드시 올 테니 말이다.

5

습관을 만드는 쉽고 강력한 방법

한여름의 해 질 무렵 어느 날이었다. 며칠 동안 집에만 있었던 것 같아 잠깐이라도 나가서 걸어야겠다는 생각이 들었다. 편한 옷을 입고 운동화를 신었다. 집 앞에는 남산이 있고, 걸어서 30분 정도면 서울 타워가 있는 곳까지 갈 수 있다. 이렇게 산책을 할 수 있는 좋은 환경이었는데도 난 그동안 걸을 생각을 하지 않았다. 남산을 오르는 길에 많은 생각을 했다. 그리고 서울 시내가 한눈에 보이는 지점에 다다랐을 때 난 멋진 석양과 마주하게 되었다. 석양에 물든 하늘을 보면서 난 감탄했다. 복잡했던 생각들을 한 번에 밀어내기에 충분한 황홀한 광경이었다.

'일상에서도 이렇게 멋진 하늘을 볼 수 있는데, 왜 꼭 낯선 여행지에서 보는 일출이나 석양에 특별한 의미를 부여했을까?' 하는 생각이 들었다. 물론 낯선 곳에 가면 어쩌면 다시 올 수 없다는 생각에 특별한 감정이 더 부여되는 건 사실이다. 하지만 매일 보는 풍경에서 새로움을 느끼며 황홀한 기분을 가질 수도 있지 않을까?

궁금해졌다. 처음 봤던 낯선 하늘이었기에 멋지다고 생각했을까? 매일 걷는 길, 같은 장소라고 해도 색다른 풍경으로 보일 수 있을까? 바빴던 일상에서 가질 수 없었던 호기심이 갑자기 일었고, 난 다음 날도 같은 시간에 남산에 올랐다. 전날에 멋진 하늘을 마주했던 그 장소에서 또 다른 색의 하늘을 볼 수 있었다. 그다음 날도, 또 그다음 날도 난 같은 시간에 같은 장소에 올라가 해가 지는 모습을 바라봤다. 같은 시간, 같은 장소에서 하늘을 봤지만, 하늘의 색과 모습은 매일 달랐다. 우연히 보게 된 멋진 하늘, 단순한 궁금증으로 시작한 남산 산책을 그 이후로도 계속해 50일을 꾸준히 걸었다. 초반에는 갈까 말까 망설이는 날도 있었지만, 잠깐의 유혹을 이겨내고 50일을 꾸준히 걸었더니 습관이 되어 나도 모르게 운동화를 신고 걷고 있는 나를 발견하게 되었다.

눈으로만 하늘을 봤다면 며칠 걷다가 포기했을지도 모른다. 내가 50일이 넘는 시간 동안 꾸준히, 그리고 지금도 할 수 있게 만든 원동력은 바로 '기록'이었다. 나는 매일 같은 장소에서 같은 배경으로 달라지는 하늘의 사진을 찍었고, 그 사진을 바로 SNS에 올리며 기록을 했다. 누군가에게 보여주기 위함이 아닌 나만을 위한 기록이었지만, 꾸준히 쌓여가는 사진을 보며 계속 걸을 수 있었고 습관을 만들 수 있었다.

좋은 습관을 들이면 삶이 더 좋아진다는 것은 누구나 알고 있지만, 습관을 만드는 건 쉽지 않다. 습관을 만드는 과정에서 몇 번이고 유혹을 당하기도 하고, 지속하지 않을 당위성을 찾게 되기도 한다.

습관을 지속하지 못하는 이유는 과정이 지루하거나, 계속해도 달라지는 게 없다고 느껴졌기 때문일 수도 있다. 어떤 일을 계속하면서 새로운 것을 발견하거나, 재미를 느끼거나, 조금이라도 성장하고 발전하고 있다는 생각이 들면 하지 말라고 해도 하고 있을 테니 말이다. 그 안에서 성취감을 느끼는 것은 물론이고.

난 아주 작은 호기심으로 걷는 습관을 들일 수 있었고, 더불어 걸으면서 마음의 풍요와 건강까지 챙길 수 있었다. 그리고 하루하루 그 순간을 기록하려는 마음을 원동력으로 습관을 지속할 수 있었다. 그동안 거창한 계획을 세우고 끝까지 하지 못했던 일들을 돌아보았다. 큰 그림만 그리고 작은 행동을 소홀히 했던 결과였다. 나는 남산 산책을 하면서 쉽고 강력하게 습관을 만드는 방법에 대해 정리를 했다.

1. 아주 작은 행동을 반복적으로 하라.

2. 그 행동을 매 순간 기록하라.

3. 성취감을 느끼고, 그런 나를 칭찬해 줘라.

그 이후로 난 한 달에 하나씩 좋은 습관 만들기 프로젝트를 시작했고, 기록하기 시작했다. 첫 번째 프로젝트는 미라클 모닝이었다. 새벽 4시 30분에 일어나는 것을 목표로 삼았지만, 처음부터 무리하면 안 된다는 생각에 매일 5분씩만 일찍 일어나기로 했다. 6시로 시작을 해서 매일 5분씩 일찍 일어났더니 두 달 만에 새벽 4시 30분 기상 목표를 달성하게 되었다. 그리고 그 습관은 꾸준히 유지하고 있다.

꾸준히 하는 게 힘들 때, 아주 강력하고도 좋은 습관을 만들고 싶다면 이 두 가지만 기억했으면 한다. 아주 작은 행동을 반복적으로 하고, 그 행동을 기록하는 것! 그것이 전부다.

6

단 한 명의 독자를 생각하면서 쓰기

책을 쓰는 건 오래전부터 가졌던 내 소망이었다. 하지만 내가 책 쓰기를 주저했던 건 내가 쓰려고 생각하는 주제의 책이 이미 시중에 많이 나왔기 때문이다. 그리고 대학 때 나의 전공과 사회생활을 시작했던 배경이 모두 글을 쓰는 일이었기 때문에 이미 내 주변에는 글을 잘 쓰는 사람들이 많이 있었다. 은연중에 '내가 어떻게 써? 누가 내 얘기에 관심이나 가져줄까?'라고 생각하고 있었다.

여행 작가가 되고 싶었다. 자신의 여행 경험을 담아낸 책들을 보면서 부러운 마음이 들었다. 하지만 어떻게 해야 할지 몰랐다. 그리고 이미 많이 나와 있는 책들에 '또 이거야?'라는 생각을 주고 싶지 않았다. 지금 생각하면 김칫국 마신 것 같지만 말이다. 일어나지도 않은 일을 앞서 걱정하는 것만큼 어리석은 일은 없다. 그렇게 합리화를 하며 살았지만, 나중에 난 깨달았다. 내가 하지 않아도 누군가는 계속해서 같은 주제의 이야기를 쓰고 책을 낸다는 사실이었다. 이제 더는 미루지 않고, 합리화하지 않고 도전해봐야겠다는 판단이 섰다.

그때 나는 막 스페인에 있는 산티아고 순례길을 걷고 한국에 돌아온 직후였다. 나에겐 순례길을 걸으면서 40일 가량 매일 적었던 노트가 있었다. 1년이라는 긴 시간 동안 해외에 있다 왔기 때문에 한국에 와서도 크게 바쁘지 않았다. 그 노트를 손에 들고 글을 정리하기 시작했다.

'이미 많은 사람이 산티아고 순례길에 대한 책을 냈는데 뭐 나까지 내?'라는 생각을 하고 있었다면 글을 쓰지 않았을 것이다. 하지만 내 마음 한편에 '같은 장소를 가더라도 내가 한 경험, 만난 사람이 다르면 다른 이야기가 나오지 않을까?' 하는 생각이 들었다. 그리고 내 마음에 불을 지핀 건 여행책을 보다가 문득 '아, 내가 더 재미있게 여행하는데…' 라는 생각이 들면서부터이다. 책을 낸 사람과 내지 않은 사람의 차이는 글을 쓴 것과 안 쓴 것의 차이밖에 없었다.

원고를 완성하고 30개의 출판사에 투고 메일을 보냈다. 처음이라 많이 긴장되고 떨렸다. 첫술에 배부를 수는 없었다. 누가 가르쳐 주지도 않고 무작정 내 스타일대로 쓰고 보냈기 때문이다. 그중 한 출판사에서 미팅 요청이 왔고, 대표님을 만났다. 신기한 경험이었다. 하지만 바로 출간으로 연결되지는 않았다. 원고를 고쳐야 하는데 갑자기 바빠진 나의 환경으로 인해 손을 놓았기 때문이다.

그렇게 바쁘게 지내다 보니 2년이 흘렀고, 글에 대한 남모를 갈증을 느꼈다. 그때의 경험을 되살려 다시 책을 써봐야겠단 생각이 들었다. 예전과 내가 달라진 게 있다면 '생각'이었다. 예전엔 이미 많이 나와 있는데 뭐하러 나까지 보태냐는 생각이었다면, 지금은 '혹시 내가 경험한 것도 누군가에겐 도움이 되지 않을까?' 하고 생각한다. 그리고 그 생각은 내가 계속해서 글을 쓸 수 있게 만들어 준다. 내가 그동안 제일 많이 했던 일을 떠올렸다. 그건 바로 글 쓰는 일이었다. 20대 초반부터 방송 작가 일을 하면서 계속 글을 써 왔으니 그 이야기를 담으면 좋을 것 같았다.

돌이켜 보니 난 그동안 계속 남(연예인 등)에 대해 자료 조사를 하고, 남(시청자)을 위해 글을 써 왔다. 어쩌면 글이 아닌 말을 써 왔다고 할 수 있지만 말이다. 그리고 주변 사람들이 거의 작가다 보니 항상 내 글에 자신감이 없었던 것 같다. 막내, 서브 작가 시절에는 대본을 쓰고 항상 메인 작가 언니의 확인을 받아야 했으니 말이다. 절대 글 쓰는 자체를 좋아하고, 재미있게 할 수 있는 환경이 아니었다.

나는 '글쓰기'를 주제로 잡고 원고를 쓰기 시작했다. 책에는 오롯이 나의 경험과 생각이 담겨야 하므로 내 이야기를 쓸 수밖에 없다. 본격적으로 글쓰기에 대한 원고를 쓰면서 나는 다시 글 쓰는 즐거움을 느꼈다. 아마 내가 많은 사람을 의식하면서 글을 썼다면 지속할 수 없었을 것이다. 내 이야기가 필요한 단 한 명의 독자를 생각하면서 써 내려갔다. 내 경험이 누군가에게는 도움이 되겠지 생각하면서. 그전에는 내가 한 경험은 별거 아니었다고 여겼는데 책을 쓰면서 난 '나도 스토리가 있는 사람이었구나.' 느꼈다. 그 이후 난 매일 글 쓰는 사람이 되겠다고 다짐했다. 그리고 계속해서 글을 쓰는 삶을 살고 있다.

7

모든 사람에게 인정받으려는 욕심을 버려라

“난 누가 나를 비난하는 걸 견디지 못해요. 그래서 유명해지는 게 싫어요.”

누군가 날 알아보는 삶을 살면, 남들의 시선을 의식하게 될 것이다. 그리고 그 중엔 나를 좋아하지 않는 사람도 분명 존재한다. 그렇기에 유명해지기 싫다고 말하는 친구가 있었다.

나 역시 타인의 시선이나 인간관계에 신경을 많이 쓰는 사람이었다. 어쩌면 남들에게 좋은 사람이라고 인정받고 싶어 하는 사람인지도 몰랐다. 다른 사람들이 나에게 하는 칭찬과 인정에 난 춤을 추었으니까. 나보다는 남의 부탁이 우선이었다. 내가 나의 것을 고집하지 않고 남을 배려할 수 있는 건, 내가 그만큼 포용력이 좋아서라고 생각해서였을지도 모른다. 그렇게 하면 좋은 사람이 된다고 믿었을 수도 있다. 그래서 난 내 의견을 말하고 나를 드러내는 것을 별로 좋아하지 않았다.

반대로 생각해 보면 그건 나의 뚜렷한 주관이 없는 것이라고도 볼 수 있다. 남이 묻는 것에 반대 의견 없이 다 좋다고 말했으니 말이다. 어느 순간, 내가 없어지고 있다는 느낌을 받았다. 남들에게 맞춰주는 인생을 살면서 기쁨을 느끼다 보니 정작 내가 뭘 원하는지 바로바로 말하지 못했고, 항상 내 의지와 바람은 뒷전이었다는 것을 깨닫게 되었다.

오래전부터 책을 쓰고 싶었지만 쓰지 못했던 것도 이런 이유였을까 하는 생각이 들었다. '글 잘 쓰는 사람은 많은데 나까지 뭐하러!', '내 글을 과연 누가 읽어줄까?', '누군가 나의 글을 보고 뭐라고 하면 어쩌지?' 하며 결코 도움 되지 않는 상념으로 하고 싶은 것들을 막고 있었다.

누군가에게 인정을 갈구하는 마음은 주체적인 삶을 방해한다. 관계 속에서 오는 스트레스에 집중하느라 시간을 낭비하게 만든다. 나는 사랑보다는 인정의 욕구가 큰 사람이란 것을 알았다. 하지만 그 욕구가 때론 내가 어떤 일을 하고자 할 때 발목을 잡을 수 있다. 그래서 그런 마음을 버리겠다고 다짐했다.

삶의 주체는 반드시 내가 되어야 한다. 누군가가 나에게 이러쿵 저러쿵 말하며 다니는 것들에 내가 일일이 반응할 필요가 있을까? 나 또한 싫어하는 사람들이 있는데, 다른 사람들이라고 나를 다 좋아하고 인정해야 할까? 그리고 남들의 시선이 과연 내 삶에서 그렇게 중요한 것일까? 그렇게 생각하면서 점점 나를 바꿔 나갔다.

타인의 반응에서 자유로워지면서 내가 할 수 있었던 일은 나의 경험을 담은 글을 쓰는 일이었다. 전에는 내 경험과 생각을 과소평가했다. 누구나 다 하는 경험이며, 글도 다 쓸 수 있다고 여겼다. 주변의 아주 가까운 환경만 보고 판단한 것이다. 나는 내 이야기가 담긴 책을 쓰면서 자존감이 많이 높아졌다. 그동안의 내 인생이 정리되었고, 꽤 열심히 살았으며 내 인생도 괜찮다고 결론짓게 된 것이다.

전에는 결핍에 집중하는 삶을 살았다. 내가 가지고 있지 않은 것에 집착하면서 끊임없이 욕구를 채우려고 노력했던 것 같다. 그리고 모든 사람에게 좋은 사람이라고 인정받고 싶어 부단히 노력했다. 하지만 그러면 그럴수록 내 안의 자신감은 줄어들었다.

남의 인정이 아닌 내가 나를 인정할 수 있는 게 중요하고, 그러기 위해선 나를 잘 아는 일이 우선되어야 한다. 내가 좋아하는 것과 원하는 것, 그리고 잘하는 것을 분명히 알고 분별해야 한다. 자신이 할 수 있는 일, 또 할 수 없는 일을 분명히 알아야 한다. 나에 대해 정확히 알고 있는 사람은 어떤 유혹과 풍파가 오더라도 흔들리지 않는다. 그게 바로 뿌리 깊은 내면의 힘이다.

재차 말하지만, 중요한 건 내가 나에게 만족하는 인생을 사는 것이다. 나도 나를 모르는데 다른 사람이 나를 100%를 다 알 수 있을까? 그리고 남들에게 인정을 받는다고 해서 뭐가 달라지는 것이 있을까? 기분은 좋을 수도 있지만, 그때뿐이다. 그리고 그건 내 맘대로 조종할 수 있는 영역이 아니다. 내가 어떻게 할 수 없는 일에 집중하기보다는 할 수 있는 일을 해나가는 태도가 현명하다.

난 누구보다 나를 드러내기 싫어하는 사람이었다. 어떤 모임에 가든 자기소개가 가장 어렵고, 자기소개서를 쓰는 일이 제일 어렵다고 생각하는 사람이다. 자기소개가 불편한 이유는 누군가가 나를 판단하는 것이 싫을뿐더러, 자유롭지 못해서이다. 어쩌면 내가 또 누군가를 판단하고 있는지도 몰랐다. 그렇기에 상대적으로 내가 불편했을 수도 있다. 이제는 나를 드러내는 것이 어색하지 않다. 아마도 나에 대한 글을 쓰면서 나에게 더 집중하고, 내 인생을 더 명확하게 정리해 나갈 수 있었기 때문일 것이다. 그리고 내 경험과 생각, 이야기를 꺼내서 기록할수록 오히려 나를 드러내는 일에 자유로워짐을 느꼈다.

가장 중요한 건 그 누가 인정해서 기쁜 삶이 아닌 내가 인정할 수 있는 삶을 살 수 있게 된 것이다. 내가 싫어하는 사람이 있는 것처럼, 누군가도 나를 싫어할 수도 있다는 걸 인정하고 더는 남들에게 신경 쓰지 않게 되었다. 내가 좋은 인생을 살기 위해서. 내가 봤을 때 괜찮은 인생이면 되는 거 아닌가! 그 누가 뭐라 하더라도 말이다.

이거 하나만 기억하자. 누구나 나를 오해할 수는 있어도 구태여 내가 그들을 이해할 필요는 없다는 것을….

8

돈이 되는 글쓰기 습관 만들기

글쓰기가 돈이 된다고 하면 의아해하는 사람이 있을 것이다. 예전에는 글을 쓴다고 하면 돈을 못 번다는 인식이 지배적이있기 때문이다. 시대가 달라졌다. 요즘 돈 좀 버는 사람 중에는 꾸준히 글을 써 온 이들이 많다는 것을 알 수 있다.

어떤 사람은 직장 생활을 하면서 꾸준히 글을 써서 책을 내기도 한다. 어떤 사람은 취미로 글쓰기를 시작해서 글쓰기 강사가 되기도 한다. 책을 내면 인세를 받고, 취미로 글쓰기 강사를 하면 부수적인 수입이 생긴다. 이렇게 자기가 좋아하는 일을 하면서 돈을 벌 수 있다면 괜찮지 않은가?

나는 계속해서 글로 돈을 벌었다. 첫 번째로는 방송 작가라는 직업을 통해서 대본을 쓰고 받은 급여다. 방송 작가를 하면서 부업으로 대입 논술을 가르치기도 했었다. 그리고 범위를 넓혀 홍보 기사를 써 달라는 의뢰를 받아서 병원 홍보 기사를 작성하기도 했고, 지금은 기업 사보에 실리는 칼럼을 쓴다. 또, 원고를 집필해 인세를 받기도 한다. 나는 글 쓰는 일을 직업으로 가지면서 돈을 벌었다.

온라인 시대에 우리는 대부분의 소통을 글로 한다. 말보다는 글이 편하고, 신속하게 의사 전달을 할 수 있는 시대가 된 것이다. 나를 알리기 위해, 그리고 제품을 홍보하기 위해 우리는 '글'이라는 도구를 쓰지 않으면 안 되는 환경에 와 있다.

어떤 사람은 블로그를 활용해서 돈을 벌기도 하고, 또 어떤 사람은 인스타그램에 매일 짧은 글을 올리면서 작가로 데뷔하기도 한다. 꾸준한 글쓰기가 받쳐줬기에 가능한 일들이다. 그리고 자기계발서를 통해 자신의 경험을 나누기도 한다. 글을 쓰려고 하는 사람들의 최종 목표는 주로 자신의 이름으로 된 책 한 권을 내는 일이다. 그리고 실제로 목표를 이루는 이들도 많다. 아니 요즘엔 한 권에서 그치지 않고 계속해서 집필하고 출간을 한다. 책은 자신의 명함이 되기도 한다. 책을 쓰면 그 분야에서 전문가임이 인증되고, 일일이 자신에 관해 설명하고 알리지 않아도 된다. 책이 나를 대신해서 그 역할을 하고 있기 때문이다.

책을 집필할 때는 다른 글을 쓸 때보다 조금은 더 긴 호흡으로 써야 한다. 그렇기에 책을 쓰는 일은 평상시 글 쓰는 습관을 기르기에 더없이 좋다. 그리고 동기부여가 잠깐 반짝하고 끝나는 것이 아니라 계속 유지하면서 갈 힘이 되곤 한다. 하루 10분의 글쓰기 습관이 결국 책 한 권을 쓸 수 있는 사람으로 변하게 하고, 그로 인해 돈을 만들어 낼 수 있는 시스템을 장착하게 하는 것이다.

그렇다면 하루 10분, 글쓰기 습관을 어떻게 만들어 가는 것이 좋을까? 우선 하루에 한 장의 글을 꼭 쓴다는 마음가짐을 갖는 것이 중요하다. 아침 시간을 활용해서 한 꼭지를 쓴다면, 40일이면 책 한 권을 완성할 수 있다. 매일 힘들여 쓰지 않아도 습관만 가지고 있다면 가뿐하게 해낼 수 있는 일이다. 아침 1시간은 저녁 3시간과 맞먹는다는 연구 결과가 있다. 나 또한 매일 아침 글쓰기 습관을 들여 이 책을 완성하고 있다. 하루 1시간씩, 빠르면 30분에 한 꼭지를 완성할 수 있다. 그것도 습관을 만들었기에 가능한 일이다.

만약에 처음 글을 쓰려고 하는데 어떻게 써야 할지 모르겠다면 아무 말이나 쓰는 프리라이팅도 추천한다. 타이머를 10분 맞춰 놓고 생각나는 모든 것들을 가감 없이 적어 내려가는 것이다. 맞춤법이나 문장이 올바른지 신경 쓰지 않고 그냥 무조건 쓰면 된다. 그렇게 하면서 점점 시간을 늘려나간다.

나는 아침에 일어나서 스트레칭을 하고 하루에 있을 일들을 미리 그려본다. 그리고 그 하루에 감사한다. 미리 감사하기의 장점은 생각한 대로 일이 펼쳐진다는 것이다. 그리고 풍요에 관한 확언을 기록한다. 자신이 원하는 것을 계속해서 쓰고 말을 하면 언젠가 다 이루어질 수 있다. 더불어 돈을 가져다주는 습관이 만들어진다.

인스타그램 계정을 만드는 것도 추천한다. SNS 계정을 어떻게 운영해야 할지 모르겠다면 무조건 하나의 주제를 정하거나, 자신만의 스타일을 정한 후 매일 10분을 투자해서 꾸준히 올리자. 새벽 인증이 될 수도 있고, 자신의 운동 기록이 될 수도 있다. 그림을 그리는 사람이면 자신의 그림일기를 올려도 되고, 중요한 건 꾸준히 할 수 있는 하나의 주제를 찾아서 올리는 것이다.

아침에 글이 잘 쓰이는 사람이 있고, 환경이 안 돼서 밤에 글을 써야 하는 사람도 있을 것이다. 괜찮다. 일정한 시간을 내서 꾸준히 글 쓰는 습관만 만든다면 그로 인해 언젠가 수익이 날 때가 있을 것이다. 무엇보다 자신만의 글쓰기 루틴을 만드는 것이 중요하다. 만약 시간이 도통 나지 않아 어디 갔을 때 써야 한다면 블루투스 키보드를 가지고 다니면서 쓰는 것도 추천한다. 그냥 흘려보낼 수 있는 10분에 쓰는 그 한 장이 쌓여서 책이 되고, 그 습관이 반드시 당신에게 돈을 가져다줄 테니 말이다.

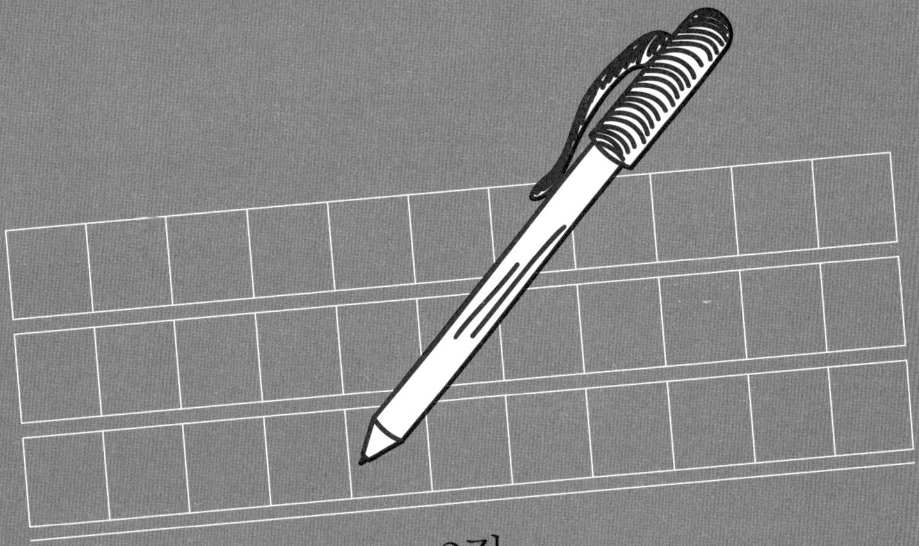

2장

하루 10분, 글쓰기가 쉬워진다

1

하루 10분, 나를 찾는 시간

언제 바뀌었는지 모르게 달이, 계절이, 그리고 해가 바뀌면서 지나왔던 일들을 돌아볼 때가 많다. 하루하루 열심히 살아온 것 같은데 결과적으로 이루어 놓은 건 없고 시간만 흘려보냈다고 느껴질 때도 많다. 변화는 하루아침에 이루어지지 않는다. 인생을 살면서 변화하기 위해 계획을 세우고, 실천하려고 노력을 하지만 꾸준히 유지하기란 쉽지 않다.

보통 어떤 특정한 날에 삶을 새롭게 정비해야겠다고 생각하고 목표를 세우기도 하지만, 해야겠다고 느끼는 순간 바로 실천하는 것이 중요하다. 만약, 무언가를 시작하고 싶은데 무엇을, 어디서부터 시작해야 할지 모르겠다면 종이를 한 장 준비하고, 자신이 원하는 것이 무엇인지, 자신의 감정이 어떤지 내면을 담은 글을 써 보자. 시간을 가지고 글을 쓰는 과정에서 자기 삶을 되돌아보다 보면 그 기록을 통해 믿음을 그리며, 노력하고, 행동하는 자신을 만날 수 있다. 그리고 나를 차별화하는 중대한 사건을 발견할 수도 있다.

나를 위한 시간은 하루 10분이면 된다. 하루 10분은 가만히 보낼 수도 있는 시간이고, 생각보다 많은 일을 할 수도 있는 시간이다. 그 10분을 오롯이 나를 위한 시간으로 써 보는 건 어떨까. 주어진 호칭에 걸맞은 삶을 위해 고군분투하는 모든 것을 내려놓고, 온전히 나를 만날 수 있는 시간을 가져보는 거다.

자신이 하는 생각을 글로 적는다면 더 도움이 될 것이다. 하지만 글을 쓴다는 것에 대한 막연한 두려움이 있어서 시작을 주저한다면 '감사 일기'를 써 보는 것도 추천한다. 부담 없이 하루에 10분 동안 감사한 일들을 적어보는 것이다. 감사했던 일을 생각하다 보면 자연스럽게 하루에 있었던 일이나, 있을 일들을 생각하고 또 나에 대해 생각하게 된다. 그러면서 생각이 확장된다.

감사가 점점 넘치면서 글을 써야겠다는 생각이 들면, 하루 일기를 써 보면서 늘려 가는 것도 추천한다. 몇 시에 일어나서 무엇을 했고, 어디를 가서 누구를 만나고 등의 나열도 괜찮다. 하루를 돌아보며 내가 했던 일을 쓰고 그때 느꼈던 감정을 조금씩 추가해서 써 본다. 매일 하루 10분씩, 일주일만 써 본다는 생각으로 글을 쓰다 보면 점점 탄력이 붙을 것이다. 계속해서 쓰는 습관을 들이면서, 자신도 모르는 사이에 인생에서 변화가 일어나는 것을 느낄 수 있다. 하루 10분, 한 장으로 정리하는 글이 나중에 어떤 나비 효과를 일으킬지는 아무도 모른다. 하루 10분이면 된다. 부담을 가지지 않는 게 중요하다.

내가 '하루 10분의 힘'을 체감했던 건 독서와 산책을 하면서부터였다. 독서와 산책이 완전한 나의 습관으로 자리 잡으면서 난 한 달에 하나씩 10분 할 수 있는 습관을 늘려갔다. 처음엔 10분 아침 스트레칭, 그다음엔 10분 명상, 그리고 10분 영어와 스페인어까지 공부하는 중이다. 그리고 자연히 루틴이 만들어져 매일 스트레칭, 명상, 글쓰기, 독서, 영어와 스페인어 등을 꾸준히 하고 있다. 이 모든 것을 해도 1시간밖에 걸리지 않는다. 그렇게 난 하루에 내가 좋아하는 일을 하면서 보낸다.

한 달에 하나씩, 10분만 내서 실천하면 1년에 좋은 습관 12개를 만들 수 있다. 좋은 습관을 만들면 나쁜 습관은 자연스럽게 버려진다. 나쁜 습관을 먼저 버리려고 하기보다 좋은 습관을 갖는 게 우선되어야 한다.

예를 들어, 내가 아침에 일찍 일어나는 습관을 들이기 위해서 일찍 잠자리에 들다 보면 늦게까지 TV 시청을 하는 일이나, 술을 마시는 일 등을 자연스럽게 멀리하게 되어 있다. 건강을 위해 좋은 것을 먹기 시작하면 몸에 안 좋은 음식들을 의식적으로 거르게 되어 있다. 좋은 것들을 몸에 익히는 순간 반사적으로 나쁜 것들은 멀리하게 되는 것이다.

내게 주어진 시간도 내가 원하는, 좋아하는 것들로 채울 수 있다면 더 행복해지지 않을까? 하루 10분, 온전히 자신을 위한 시간을 만들어서 기쁨과 행복을 유지하는 습관을 들이도록 하자. 그 습관은 자신을 차별화하는 강력한 무기가 될 것이다. 하고 싶은 일을 위해 매일 하루도 빠짐없이 무언가를 할 수 있다면, 그 여정에서부터 우린 이미 행복한 사람들이니까.

2
글을 쓸 때 방해하는 마음들

"어제보다 오늘 0.001% 나은 사람이 돼요… 항상!"

2016년 5월, MBC 무한도전에서 '액션 블록버스터 무한상사' 특집에서 장항준 감독이 아내 김은희 작가에 대해 한 말이다. 처음에는 자신보다 글을 잘 쓰지 못했는데, 저 마음가짐으로 하루하루를 노력하면서 세월이 축적되어 잘 쓰게 되었다고 한다. 그리고 어느 순간 손댈 곳이 없어진 아내의 완벽한 대본을 마주했다고 한다.

예능 프로그램을 시청하다 보면 일을 하는 것만 같아 잘 보지 않는데, 가끔 이런 기가 막힌 인사이트를 얻게 되는 때가 있다. 이 말을 듣고 내가 꾸준히 쓰지 못했던 이유를 깨달았다. 매일 글을 쓰고, 어제보다 조금 더 성장한 자신을 응원하는 자세가 글쓰기를 지속할 힘이 된다는 것을 알았다.

마음속 깊이 글을 쓰고 싶었으면서도 나는 그 마음을 부정하며 살았다. 나 말고도 쓰는 사람이 많다는 생각, 글 쓰는 건 너무 힘들 거란 생각 등을 하면서 다른 일들에 눈을 돌리며 살았다. 하지만 마음 한편엔 계속 뭔가를 쓰고 싶은 마음이 있었다. TV 드라마를 볼 때, 연극이나 뮤지컬을 관람할 때 나의 머릿속은 더욱 바빠졌다. 재미로만 관람하기엔 내 마음에 갈증이 일었다. 하지만 난 내가 할 수 있는 분야가 아니라며 지레 겁을 먹고 시도조차 하지 않았다. 아니 시도는 하지만 언제나 도망갈 구멍을 만들어 놓았다. 온몸을 담그지 못하고, 한쪽 발만 담근 채 말이다.

좋은 작품들을 볼 때면 그런 걸 쓸 수 있는 작가가 부럽기도 했고, 그렇지 않은 작품을 볼 땐 나도 모르게 '나도 저 정도는 할 수 있겠다.'라는 마음이 들기도 했다. 내가 창작을 하지 않을 때는 평가가 쉬웠는데, 지금은 평가하는 게 쉽지 않다. 그동안 창작을 해 보면서 얼마나 어려운지, 어떤 노력이 들어갔는지가 먼저 보이기 때문이다(역시 사람은 자신이 경험해야 공감할 수 있나 보다.).

많은 사람이 글은 쓰고 싶은데 시간이 없어서, 당장에 돈이 되지 않아서 아니면 어떻게 시작을 해야 할지 몰라서, 잘 쓰지 못해서 등의 말을 하는 것을 볼 수 있다. 글을 쓸 때뿐 아니라 뭔가를 할 때 하지 못하게 방해하는 것들은 항상 생긴다. 하지만 절실한 마음을 가지고 있다면 그런 방해 요소는 문제가 되지 않을 것이다. 핑계가 생기는 건 그만큼 간절하지 않다는 증거일 수도 있다.

그런 의미에서 내가 글을 쓰지 못하게 했던 방해 요소는 바로 평가받는다는 두려움과 비교의 마음이 아닐까 한다. 방송 대본은 누군가에게 평가를 받고 고치는 작업을 계속한다. 대본은 글 자체로 완성되지 않는다. 누군가의 입에서 말로 나오고, 연기가 될 때 비로소 생명력을 가진다고도 할 수 있다. 그렇기에 계속 고칠 수밖에 없다. 처음부터 완벽한 대본을 쓸 수 있다면 얼마나 좋겠느냐만 그 누구라도 처음엔 난도질을 당하지 않을까. 그게 당연하다는 것을 받아들이고 아무렇지 않아야 하는데, 내가 쓴 글이기에 참 쉽지 않다. 하지만 어렵더라도 단련해 나가야 한다.

그래서 글 쓰는 것에 점점 재미를 느끼지 못했다고 하면 핑계일까. 글쓰기를 한동안 놓았던 적이 있다. 그러다 다시 글을 쓰기 시작했을 땐 신나게 쓸 수 있었다. 남을 위한 대본이 아닌 나를 있는 그대로 담는 글을 썼으니까. 그리고 무엇보다 남과 비교하는 마음을 버리고 나서이다. 예전에는 잘 쓴 글과 잘 못 쓴 글이 있다고 판단을 했다면, 지금은 쓴 글과 쓰지 않은 글이 있을 뿐이라 생각하고 있다. 그리고 무엇보다 글에는 정답이 없다는 것을 인정하게 됐다.

누군가와 비교하는 마음을 가지는 순간 나 자신이 초라해 보이고, 앞으로 나아갈 동력을 잃는다. 내가 그랬던 것처럼, 다른 사람의 글만 쓰니 다른 사람의 삶만 보이는 거다. 그러면 나의 인생을 못 살게 된다. 비교하는 마음은 내 글을 쓰지 못하게 만든다. 나 또한 누군가 책을 낸다거나 작품을 쓸 때 부러워했다. 그리고 난 글 쓰는 것을 좋아하지 않는다고 결론을 지었다. 하지만, 타인에게 향하던 시선을 돌려 나에게 집중하고, 내가 할 수 있는 것에 초점을 맞추다 보면 조금씩 행동하고 나아가는 자신을 발견할 수 있다.

또, 한 번에 잘하고, 한 번에 이루려고 하는 마음은 글을 쓸 때 방해 요소가 된다. 글쓰기에 자신 없었던 내가 글쓰기에 자신감이 생긴 것도 매일 글을 쓰면서이다. 반복하다 보면 나도 모르게 발전하고, 발전하는 모습에 더 재미를 느끼게 된다. 한 번에 잘하려고 하면 지칠 수밖에 없다.

비단 글 쓸 때뿐만 아니라, 인생을 살아갈 때도 필요한 마음일 것이다. 남과의 비교를 멈추고 오롯이 내 삶에 더 집중하기. 오늘 조금씩 시도해서 어제보다 더 성장한 자신을 마주하기. 그리고 자신이 쓴 글, 한 노력에 대해 칭찬해 주는 것이다.

3

글쓰기의 두려움을 없애려면

시작에는 언제나 두려움이 뒤따르기 마련이다. 우리는 익숙하지 않은 것에 두려움을 느낀다. 하지만 천천히 해 보면서 경험을 쌓아 나가다 보면, 어느새 익숙해지고 두려움은 사라진다. 글쓰기도 마찬가지다. 익숙하지 않기 때문에, 잘하지 못한다는 생각 때문에 두려운 것이다. 글쓰기에 앞서 두려움이 조금이라도 있다면 어떤 이유로 글쓰기가 두려운지 생각해 봤으면 한다. 글을 잘 쓴다고 생각하는 사람이 얼마나 될까? 아마 별로 없지 않을까? 아무리 유명한 작가라도 자신의 필력이 부족하다는 생각에 계속해서 쓰고, 또 고치고 한다.

“그러니까, 내가 쓴 글이 명문이든 쓰레기든 상관없이 무조건 노트 한 권을 채우는 일 자체를 중요하게 생각하는 것이다.”『뼛속까지 내려가서 써라』의 저자인 나탈리 골드버그는 이렇게 말한다. 또, 세계적인 작가 어니스트 헤밍웨이도 모든 초고는 쓰레기라고 말했다.

자신이 글을 잘 쓰지 못한다는 생각이 든다면, 배우면서 쓰면 된다. 중요한 건 익숙하지 않았던 것을 매일 하면서 익숙하게 만드는 것이다. 매일 하다 보면 두려움은 없어진다. 두려움은 생각만 하고, 행동하지 않을 때 느끼는 감정이니까. 그래도 글쓰기에 두려움을 없애는 방법을 제시해 보고자 한다.

첫 번째로, 글에는 답이 없다는 걸 인정하자. 나의 스타일만 있다. 타인의 평가에서 자유로워지고, 잘 쓰지 않아도 된다는 생각을 가지자. 나는 말을 잘하는 사람이 아니다. 무대 공포증까지 있어서 사람들 앞에 서면 얼굴이 빨개지고, 하고 싶은 말을 잘 못하는 편이라 스피치 학원에 등록했다. 스피치 학원이라고 생각하면 말 잘하는 기술, 그리고 아나운서같이 말하는 톤을 훈련하면서 말을 잘하는 방법을 가르쳐 줄 줄 알았다. 그런데 수강을 하면서 내 예상이 깨졌다. 스피치를 할 때 말을 잘하는 기술보다는 내 안의 이야기와 아우라가 중요하다는 것이었다. 즉, 나의 내면에서 나오는 진정성이 힘이고, 나만의 스타일을 찾는 것이 중요하다.

글도 마찬가지다. 글 잘 쓰는 방법을 아는 것도 좋지만, 더 중요한 건 내가 했던 경험을 솔직하게 꺼내놓을 수 있는 용기를 갖는 일이 아닐까 한다. 나만의 진정성 있는 스토리만 있다면 충분하다. 그리고 계속해서 글을 쓰다 보면 어느 순간 문장을 쓰는 실력은 발전해 있는 것이다.

두 번째로는, 글을 쓰는 환경을 만들어야 한다. 혼자서 계획을 세우고, 실천할 때 작심삼일이 된 적이 많지 않았는가! 함께 쓰는 모임에 들어가든, 시간을 정해 놓든 그 시간만큼은 글을 쓰겠다고 다짐을 하면서 타협하지 않아야 한다. 처음에는 불편함이 생길 수 있다. 평소 안 하던 걸 시도하기는 어렵다. 익숙하지 않았던 것을 익숙하게 만들려면 처음에 어느 정도는 불편함이 동반한다. 불편함을 잠깐 참고 넘어서면 우린 그것에 익숙해질 수 있다. 익숙해지는 순간 두려움은 사라질 것이다.

세 번째는. 목표를 쪼개야 한다. 글을 쓸 때 많은 양을 쓰려고 하면 부담부터 돼서 쓰기 싫어진다. 그럴 땐 하루에 한 장만 쓴다는 생각으로 목표를 쪼개서 실천해 보자. 실제로 난 원고를 쓸 때 이 방식으로 하루에 한 꼭지씩 매일 써 내려가고 있다. 그러면 어느 순간 나도 모르는 사이에 초고가 완성되어 있다. 처음부터 많은 양을 쓰려고 하면서 잘 안 되는 것에 좌절하지 말고 단 한 줄이라도 쓴다는 생각으로 양을 점점 늘려나가면 된다. 한 줄이 모여 한 장이 되고, 결국 한 권의 책을 만드는 것이니까. 이게 바로 스몰 스텝의 힘이다.

네 번째, 모든 사람에게 영향을 주는 글을 쓰겠다는 마음을 버리자. 내 글을 좋아하는 사람이 있을 수 있고, 싫어하는 사람도 있을 수 있다. 이걸 인정하면서부터 글 쓰는 데 자유로워진다. 나 또한 좋아하는 글이 있고, 별로라고 생각하는 글이 있지 않은가. 단 한 사람이 좋아해 줘도 그로써 글 쓸 이유는 충분한 것이다. 그러니 모든 사람에게 좋은 글을 쓰겠다는 욕심을 버리고, 단 한 사람을 위한 글을 쓴다는 마음으로 가볍게 글을 쓰자.

나 역시 책을 읽다 보면 좋은 책을 만날 때가 있고, 별로라고 느껴지는 책을 만날 때가 있다. 하지만 어떤 책이든 그 안에서 분명 괜찮은 문장 하나와 깨달음을 주는 한 구절은 꼭 있기 마련이다. 그러니 글 쓸 때 하나만 생각하면서 써 내려가도록 하자.

하루 한 문장을 쓰다 보면 글쓰기의 두려움은 없어질 것이다. 조금씩 꾸준히 하는 과정에서 자신도 모르게 단단해지고, 비로소 실력이 늘어나게 된다. 실력은 한 번에 생기지 않는다. 이제 다른 사람들의 평가는 신경 쓰지 말고, 자신만의 글쓰기 방식을 찾아서 오늘도 하나씩 발전을 해나가자. 그냥 한 문장만 오늘도 쓴다는 생각으로 자유롭게.

4

좋지 않은 감정을 흘려보내는 글쓰기

살아가면서 수많은 감정을 마주하게 된다. 지금, 이 순간에도 말이다. 좋은 감정이 들 때도 있지만, 좋지 않은 감정이 들 때도 많다. 좋지 않은 감정이 들 때는 자신에게서 비롯된 감정도 있지만, 외부로부터 기분이 나빠질 때도 있다. 누군가가 나에게 한 말과 행동 때문에, 또는 예상치 못한 상황이나 사건이 생기면서 마음이 상하게 되는 경우가 발생한다. 부정적인 감정이 들 때 빨리 그 감정을 털어버리고 좋은 기분을 유지하고 싶지만, 감정을 쉽게 떨치지 못하기도 한다. 그로 인해 집중해야 할 일에 집중을 못 하고, 생각하고 싶지 않은 사람이 떠오르거나 상황에 대해 후회하며 시간을 낭비하기도 한다.

난 감정에 예민한 사람이다. 예전에는 어떤 사건이 생겼을 때 좋지 않은 감정에 빠져 나를 잃어버리는 경우도 많았다. 그래서 감정이 없었으면 좋겠다고 생각한 적도 있다. 매사에 냉철하게 이성적으로 대하는 사람들을 보면서 부러워하기도 했다. 그런데 감정이 예민했기에 다른 사람의 마음을 잘 들여다보고, 공감할 수 있었다. 그리고 내 감정을 컨트롤하기 위해 노력했다. 좋지 않은 상황이 생길 수도, 그로 인해 감정이 나빠질 수도 있다. 중요한 건 자신에게 생긴 감정을 정확하게 알아차리는 일이고, 부정적 감정에 매몰되지 않게 빨리 빠져나오는 것이다.

예전에 누군가에게 불편한 감정이 생겼을 때, 표현해야 한다는 친구의 조언에 내 마음을 표현한 적이 있다. 하지만 막상 표현하고 나니 내 마음이 더 불편해졌다. 난 누군가에게 좋지 않은 말을 하면 내가 더 불편해지는 사람이었다. 반대로 친구는 상대방에게 직접 말을 해야 직성이 풀리는 사람이었고. 어떤 사람에게 적합한 방법이 다른 사람에겐 아닐 수도 있다. 자신이 어떤 성향인지 알고, 그에 맞게 대처하는 것이 가장 중요하다.

좋지 않은 감정이 들 때 바로 말을 하거나 어떤 행동을 하면 후회할 가능성이 크다. 그때는 말과 행동을 멈추고 잠시 감정을 들여다보는 편이 좋다. 감정을 들여다보기 위해 생각으로만 하는 것도 좋지만, 종이와 펜을 들고 감정을 정리해 보는 건 어떨까.

먼저, 좋지 않은 감정을 시원하게 쏟아 낸다. 기분이 나빴다면 날 기분 나쁘게 한 대상이나 상황에 대해 하고 싶은 말을 다 쓴다. 거친 말이 나오면 써도 괜찮다. 누구에게 보여줄 게 아니기 때문이다. 시원하게 쏟아부은 다음 감정이 좀 달래졌다면, 쓴 종이를 구긴다. 그리고 쓰레기통에 넣으면서 외치는 거다. "넌 내 마음에 들어올 권리 없어. 잘 가!" 이 행동 하나만으로도 가지고 있던 부정적인 감정이 사라지는 것을 느낄 수 있다.

화가 어느 정도 누그러졌다면, 그다음엔 내 감정에 대해 글을 쓰면서, 객관적으로 정리해 본다. 기분이 나빴던 이유는 무엇이었는지에 관해 쓰다 보면 자신이 뭘 싫어하는지 알 수 있다. 그리고 앞으로 비슷한 기분이 들었을 때 어떻게 대처하면 될지 방법을 생각해 본다. 감정을 발산하고 푸는 것도 중요하지만, 다음에 비슷한 감정이 들었을 때 빨리 알아채고 지혜롭게 대처하는 게 더 중요하기 때문이다. 감정을 분석하다 보면 마음속에 꽉 차서 나를 괴롭히던 일이 그렇게 큰일이 아님을 깨닫게 되기도 한다. 마음을 쓸 만큼의 일이 아니라는 사실도 알게 될 것이다.

간혹 과거에 대한 후회가 밀려올 때, 또한 좋지 않은 감정으로 관계를 끝냈던 사람들이 생각날 때가 있다. 그때는 '용서합니다'를 쓰면서 글을 써 보는 것을 추천한다. 좋지 않았던 기억이 불쑥 떠오를 수는 있지만, 그걸 마음에 담아둘 필요는 없다. 그때는 빨리 용서를 하고 쫓아버리는 게 최선이다. '용서한다.'라는 말만 써도 자신도 모르게 억눌렸던 감정이 풀리는 것을 경험할 수 있다.

당장에 안 좋은 일이 생겼다고 해도, 그로 인해 모든 일이 다 엉망이 되지는 않는다. 그 상황으로 인해 분명 좋아지는 부분도 있을 것이다. 틈새를 한번 찾아봐야 한다. 나쁜 감정에 매몰되어 있다 보면 결국 망가지는 건 자신이다. 처음엔 보이지 않을 수도 있다. 하지만 긍정적인 부분을 계속해서 찾다 보면 분명 보일 것이다. 그렇게 생각을 전환하다 보면 주어진 상황이 꼭 화를 내고, 슬픔에 빠져 있을 상황만은 아니라는 것을 알게 된다. 위기는 기회라는 말처럼, 나쁜 상황이 좋은 상황으로 반전될 수도 있는 것이다. 당장은 아니더라도 시간이 지났을 때 증명되기도 하고, 그 확신을 믿고 받아들이면 마음이 평안해지는 것을 경험한다.

감정을 상하게 하는 일들은 생기지 않으면 좋겠지만, 그런 상황이 왔을 때 이러한 방법으로 잘 다스려 나가면 된다. 나에 대한 글쓰기를 하다 보면 내 감정을 좀 더 명확하고 객관적으로 알 수 있다. 자신도 모르는 사이에 감정이 정리되고, 스스로 치유되는 경험도 하게 된다. 그렇게 글쓰기를 통해 의식적으로 좋지 않은 감정을 흘려보낼 수 있다.

5

생각이 바로 글이 되는 글쓰기

많은 아이디어와 생각이 머릿속에서 꿈틀거릴 때가 있다. 그 생각들을 일목요연하게 정리하고 싶은데, 어떻게 정리해야 할지 모르겠다는 사람들을 많이 만난다. 생각을 말로 잘 표현하는 사람이 글도 잘 쓸 거라는 생각을 했었다. 하지만 말을 잘한다고 해서 글을 잘 쓰는 건 아니라는 사실을 알았다. 말 잘하는 사람이 의외로 글쓰기를 어려워하는 경우를 보았기 때문이다. 말과 글은 비슷하면서도 다른 부분이 있다.

머릿속에 넘치는 아이디어, 그리고 떠오르는 생각을 글로 정리할 때는 어떻게 써야 할까? 그땐 글쓰기에 대한 모든 부담을 내려놓고 말하듯이 써 내려가는 방식이 좋다. 처음부터 정제된 글을 써야 한다는 강박관념을 버리고 글을 쓰는 것이다. 만약 글을 쓰는 게 익숙하지 않다면 하고 싶은 말을 녹음하는 방법도 추천한다. 그 후에 녹음한 말을 그대로 받아 적어보는 것이다. 적은 다음에 글로 다시 다듬으면 된다. 자신이 원래 하고자 했던 말이 무엇이었는지 빠뜨리지 않고, 명확하게 정리하는 방법이다. 물론 노력은 더 들어가지만 말이다.

생방송을 할 때였다. 분, 초를 다투는 생방송 대본에서는 문장을 잘 쓰는 것보다 빨리 쓰는 게 중요하다. 나는 한 문장, 한 문장에 공을 들이는 편이라 글 쓰는 속도가 더뎠는데, 생방송을 하면서 오랜 생각을 하지 않고 빨리 쓰는 글쓰기에 익숙해졌다. 물론 처음엔 힘들었고, 시간이 오래 걸렸다. 더 신기했던 사실은 생방송 전까지 대본을 도저히 못 쓸 거 같았는데 어떻게든 쓰고, 방송하고 있더라는 사실이다. 그때 '마감의 힘'을 다시 한번 느꼈다. 오랜 시간을 두고 쓰려고 해도 써지지 않던 글이 마감 시간을 앞두면, 신기하게 초인적인 능력이 발휘되어 써졌다.

그 이후 난 글을 쓸 때 웬만하면 시간을 정해 놓고 쓰는 습관을 들인다. 시간을 정해 놓고 글을 쓰면 생각나는 대로 글을 쓰는 게 가능해진다. 많은 글쓰기의 대가들이 공통으로 하는 말, 그리고 습관 중에 '시간을 정해 놓고 글쓰기'가 있다. 마감의 힘을 매일 매일 적용하는 것이다. 매일 마감을 한다는 생각으로 쓰다 보면 어떻게든 글은 써지고 훈련이 된다.

물론 글쓰기도 재능이 있으면 좋겠지만, 훈련으로 충분히 잘할 수 있다. 재능만 있는 사람보다는 꾸준히 훈련한 사람이 나중에 가선 더 잘 쓰게 된다. 운동과 마찬가지로 매일매일 했을 때 글쓰기 근력이 생기고, 실력도 는다.

영어공부와도 비슷하다. 영어공부를 하려고 계획을 세워놓고 번번이 실패한 경험은 누구나 있다. 목표만 크게 잡아놓고 오늘 해야 하는 실천을 꾸준히 하지 않아서가 아닐까. 한 번에 잘하려는 욕심을 내려놓고, 적은 양이라도 매일매일 꾸준히 하는 것이 중요하다. 단 10분을 공부하더라도 말이다.

글을 쓰고자 하는데 떠오르는 생각을 글로 표현할 수 없을 때, 처음부터 욕심내지 말고 '자유롭게 글쓰기'부터 시작해 보는 것은 어떨까. 말 그대로 자유롭게 쓰는 것이다. 매일 10분 디이미를 맞춰 놓고, 그 시간에 앉아서 떠오르는 어떤 말이든 쓰면 된다. 문법이나 형식, 잘 써야겠다는 마음 등을 모두 내려놓고 그저 떠오르는 대로 써 내려가자. 무조건 양만 채운다는 생각으로 말이다. 이런 훈련 속에서 우리는 글쓰기와 더 친밀해지고, 자유로워질 수 있다. 처음부터 너무 정제된 글을 쓰려고 하면 시간이 오래 걸릴뿐더러 더 앞으로 나아가지 못할 수도 있다.

자유롭게 글쓰기가 힘든 날은 글과 관련된 자료를 찾아보는 것도 추천한다. 가장 공감이 되는 자료 한두 개를 모아 그 자료를 바탕으로 내 생각을 정리하다 보면 또 전과는 다르게 발전된 자신의 글을 만나볼 수 있다. 글을 쓸 때는 마침표를 찍는 것이 중요하다. 꼭 어디에 제출을 해야 하거나 누구에게 보여주는 글이 아니더라도 마침표를 찍는 글은 자기 자신에게 굉장한 자존감과 자신감을 부여해준다.

누구든지 제대로 된 방법으로 꾸준히 하다 보면 임계치를 넘을 수 있다고 한다. 그 임계치를 넘으면 어떤 분야든지 대가가 될 수 있다는데, 글쓰기도 같다고 할 수 있다. 꾸준함 속에서 자신만의 글쓰기 스타일을 찾을 수 있고, 생각을 바로 글로 표현하는 힘을 기를 수 있다. 하루에 10분이라도 매일 꾸준히 하라고 말하고 싶다. 그렇게 꾸준히 하다 보면 글이 술술 써지는 날은 분명 온다.

6
문장이 달라지는 글쓰기

우리는 글과는 떼려야 뗄 수 없는 삶을 살아가고 있다. 학교에 다닐 때, 직장 생활을 할 때도 글쓰기는 꼭 필요하다. 글을 쓰면서 자신이 쓴 문장이 괜찮은지 궁금하기도 하고, 어떻게 하면 잘 읽히는 문장, 좋은 문장을 쓸 수 있을까 고민하게 된다.

나는 다양한 글을 쓰면서 처음 쓰는 형식의 글을 쓸 때는 어떻게 써야 할지 몰라 비슷한 글을 베껴서 써 보기도 하고, 평소 좋아하는 작가의 책을 필사해 본 적도 있다. 글을 잘 쓰고 싶다는 열망이 있었기에 할 수 있는 행동이었다. 나는 글을 담백하게 쓰는 편인데 미사여구를 붙여서 쓰려고 노력했던 적도 있다. 하지만 그런 글쓰기는 나와는 맞지 않음을 알고 이제는 '나답게' 글을 쓰려 한다. 어쩌면 더 글을 더 잘 쓰고자 여러 방면으로 노력했기 때문에 나만의 확실한 스타일을 찾은 게 아닐까 한다. 깨달음은 경험에서 비롯되니 말이다.

평소 자신이 쓰는 문장에서 조금 더 업그레이드 된 문장을 쓰고 싶을 때, 가독성이 좋은 문장을 쓰고 싶을 때 어떻게 해야 할까 한번 확인해 보자.

첫 번째, 한 문장의 길이를 너무 길게 쓰지 말라고 하고 싶다. 앞서 나도 문장을 그럴듯하게 써 보려 명사와 동사 사이에 꾸미는 말들을 많이 썼다. 그랬더니 문장이 길어지면서 무슨 말을 하려고 하는지 알 수 없는 경우가 많았다. 비문이 생겨났다는 이야기다. 문장이 길어지다 보면 주어와 서술어가 맞지 않는 등 문장 호응이 어색해지거나, 오류가 나오기 쉽다. 글을 읽었을 때 이해가 잘 되지 않는 경우는 글 자체가 어렵거나 문장이 길다는 뜻이다.

한 문장의 길이가 길다는 생각이 든다면 문장을 잘라서 나눠 보기를 추천한다. '~하고, ~했는데, ~해서'와 같이 문장이 이어지는 부분을 끊어서 두 문장으로 나누는 것이다. 단문으로 쓸 때 주어와 서술어의 관계가 맞지 않을 확률도 줄어들고 가독성 역시 좋아진다.

두 번째, 다양한 단어를 써 보는 걸 추천한다. 글을 쓰다 보면 똑 같은 단어가 나올 때가 많은데 여러 문장에 같은 단어가 반복적으로 등장하면 쓰는 사람도, 읽는 사람도 지루함을 느낄 수밖에 없다. 어쩔 수 없이 같은 단어가 계속해서 나와야 하는 상황이라면 대체할 수 있는 다른 단어를 쓴다든지, 그 단어를 풀어서 쓴다든지 하는 것이다.

예를 들어, 서술어에 '말했다'를 계속 썼다면 '주장했다'나 '강조했다' 등의 어휘로 바꾸어 쓸 수가 있다. 그렇게 다양한 시도를 해 보는 것이 중요하다. 사용할 수 있는 어휘가 늘어나면 스스로 만족감이 생기고, 표현력과 문장력도 자연스럽게 좋아진다.

세 번째, 필사하는 습관을 들이는 것도 좋다고 말하고 싶다. 앞서 말했듯, 나도 좋아하는 작가의 표현 방식을 익히고 싶어서 필사했던 적이 있다. 나는 책을 통째로 다 필사했지만, 처음부터 책 한 권을 필사하지 않아도 된다. 처음엔 가볍게 시작한다. 책을 읽거나 영화, TV 프로그램을 보다가 좋은 문장이 나오면 그 자리에서 기록하는 습관을 갖는 것이다. 사람들의 마음에 닿는 명문장을 보고, 듣고, 흘려보내는 것이 아니라 정성을 들여 손으로 꾹꾹 눌러 쓰다 보면, 그건 나의 자료집이 된다. 문장의 패턴이 본인도 모르게 인식되면서, 어느샌가 그 문장들을 응용해서 쓰고 있는 자신을 발견할 수 있다.

마지막으로, 자신이 글을 다 썼다면 소리 내서 읽어보는 것을 추천한다. 써 놓은 글을 눈으로 읽는 것과 입으로 읽는 것은 상당히 다르다. 눈으로만 읽었을 때 매끄러웠던 문장이 말로 내뱉었을 때 어색하게 다가오는 경우가 종종 있다. 소리 내서 읽다 보면 고쳐야 할 문장들이 보이고, 더 쉽게 고칠 수 있다. 끊임없이 읽으면서 고치다 보면 문장은 어느 순간 달라져 있는 것이다.

영국 생물학자인 찰스 다윈은 이렇게 말했다. "생각나는 대로 휘갈겨 쓴 후, 절반으로 줄이고 제대로 다듬어라." 문장을 읽으면서 고치는 건 제대로 다듬는 일이다. 별로였던 문장도 계속해서 고치다 보면 어느 순간 빛나는 다이아몬드 같아진다는 사실을 기억하자. 그리고 부지런히 쓰고 고치자.

한 가지 주제로 내용은 일맥상통하게, 한 문장의 길이는 짧게 쓰면서 다양한 어휘를 사용하고, 글을 다 썼다면 소리 내 읽으면서 글을 고치는 것을 반복해 보자. 계속 이렇게 쓰는 시도를 한다면 어느새 확연히 달라진 문장을 마주할 수 있을 것이다.

7

구성만 바꿔도 글은 달라진다

짜임새 있는 글을 쓰고 싶은 바람은 누구나 가지고 있을 것이다. 글에는 정답이 없다고 해도, 구조가 잘 잡힌 글은 가독성이 좋고, 설득력이 높아진다. 그림을 그릴 때 밑그림이 중요하고, 건축할 때 뼈대를 세우는 일이 중요한 것처럼 글쓰기도 전반적인 구성을 잡는 일이 중요하다. 구성을 잘하면 글을 좀 더 수월하고 풍부하게 쓸 수 있다.

방송 작가로 일을 시작하고 경력 2년 차가 되었을 때였다. 대부분 방송 작가가 되면 막내 업무부터 시작하는데, 막내 때는 대본을 쓰기보다 자료 조사나 보도자료를 위주로 쓰게 된다. 2년 차도 어쩌면 막내 작가인 셈이다.

그런데 아주 우연히 혼자 대본 쓸 기회가 주어졌다. 내가 쓴 대본이 출연자들의 말을 통해 방송을 나간다? 이보다 설레는 일이 어디 있겠는가. 하지만 난 대본을 쓸 수 있는 준비가 되지 않았다. 준비가 안 됐다고 기회를 날릴 순 없었다. 나는 어떻게든 내가 대본을 쓸 수 있게 실력을 갖추기로 결심했다. 그리고 방법을 찾기 시작했다.

방송 작가도 프로그램의 성격에 따라 여러 종류로 나눌 수 있다. 크게는 드라마 작가와 구성 작가로 나뉘는데, 대부분 예능이나 교양 프로그램 등을 담당하는 사람을 구성 작가라고 한다. 말 그대로 프로그램 구성을 한다.

어떤 일이든 그렇다. 처음에 어떻게 해나갈까 막막했던 일도, 큰 구성을 잡고 나면 쉬워지지 않는가. 구성이 보이면 그 안의 내용물은 하나씩 채워 나가면 된다. 그러면 어렵지 않게 일을 해낼 수 있다.

처음 대본을 쓸 수 있는 프로그램 제안을 받고, 비슷한 성격의 프로그램을 찾아보기 시작했다. 몇 편의 프로그램을 보다 보니 흐름이 보이기 시작했고, 큰 틀을 잡을 수 있었다. 그렇게 나름대로 구성을 짜고, 구성대로 내용을 채워가며 대본을 써 내려갔다. 한번 해 놓은 구성은 크게 변하지 않았다. 그 구성에 충실하게 쓰며 대본을 잘 마무리했다. 내 경험 중 뿌듯했던 기억으로 남는다.

글에는 반드시 큰 틀이 있기 마련이다. 그 틀을 얼마나 다양하게 알고 응용할 수 있는지에 따라 글을 잘 쓸 수 있는지 없는지가 결정된다고도 할 수 있다. 예를 들어, 이야기가 있는 소설 같은 경우는 기, 승, 전, 결이 될 수 있다. 일반적인 글은 대부분 서론, 본론, 결론의 형식을 취할 것이다. 글을 떠오르는 대로 쓰는 것도 좋지만, 큰 구성을 잡고 글을 쓰면 글이 주제에서 벗어나는 것을 막을 수 있다.

큰 구성에서 중요한 건 '사건' 부분이 아닐까. 만약 A4 용지 한 장의 글을 쓴다고 했을 때 어떤 사건을 쓸지를 먼저 생각하자. 사건이 있어야 글의 설득력이 높아지고, 글을 막힘없이 술술 써 내려갈 수 있을뿐더러, 가독성도 높아진다. 하나의 사건을 마치 그림을 그리듯이 써 내려간다. 그리고 사건에서 느꼈던 느낌이나 생각을 그 뒤에 이어가는 것이다. 마치 생각과 감정이 리듬을 타듯이 구성을 해서 써 내려간다. 이 부분이 어떤 글에서나 적용할 수 있는 기본적인 구성법이다.

평소 구성하는 힘을 기르고 싶다면, 서점에 가서 책의 목차를 많이 보면서 흐름을 읽으라고 말하고 싶다. 오프라인 서점에 갈 수 없다면 온라인 서점 도서 페이지에서도 목차를 볼 수 있다. 그것만으로도 많은 공부가 된다. 나는 항상 책을 읽을 때 바로 읽지 않고 서문에서 전체적인 내용을 보고, 목차를 통해 작가가 무엇을 말하려고 하는지 흐름을 본다. 그리고 세세하게 글을 읽기 시작한다. 큰 구성을 머릿속에 담고 읽는 것과 그렇지 않은 경우, 책을 읽은 후 차이가 확연히 드러난다. 영화나 드라마를 볼 때도 마찬가지다. 좋은 작품이 있을 때 난 큰 흐름을 요약해 본다. 그리고 전체적인 구성을 파악한다. 이러한 습관은 어떤 글을 쓰든 기획하고, 구성하는 데 있어서 많은 도움이 된다.

그리고 구성을 잡고 글을 썼다면, 퇴고할 때 문장과 문단을 바꿔 보면서 더 촘촘한 구성을 할 수 있다. 글을 전체적으로 보면서 문단 배열을 다시 해 보는 것이다. 중간에 있던 문단이 처음으로 가면서 매끄러워지고, 더 좋아지기도 한다.

글은 누구나 쓸 수 있지만, 누구나 잘 쓰는 건 아니다. 하지만 계속 고민하면서 쓰다 보면 잘 쓸 수 있는 것은 사실이다. 가장 기본적인 구성을 알고, 내용을 대입해서, 꾸준히 글을 쓰다 보면 짜임새 있는, 자신만의 스타일을 가진 글을 마주할 수 있을 것이다.

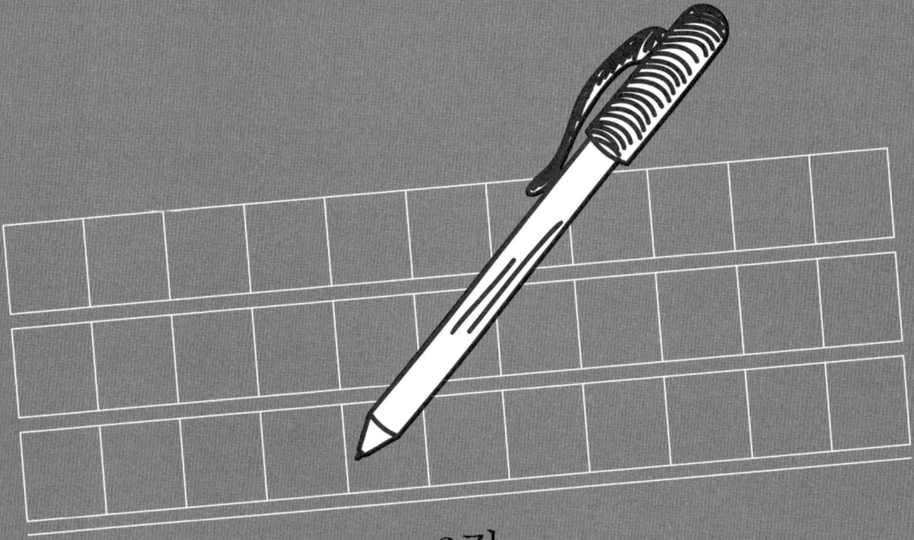

3장

21일 만에 완성하는 글쓰기 전략

1 단계

글쓰기와 친해지기

0일 차

하루의 루틴 기록하기

삶에서 행복을 자주 느끼는 사람들의 공통점이 있다면 무엇일까? 바로 현재에 충실하다는 것이다. 그들은 소위 말하는 자신의 잘나갔던 과거를 곱씹지도 않고, 오지 않은 미래에 대해 말하지 않고, 오직 지금을 즐기면서 산다. 과거가 아무리 빛났다 한들 이미 지나간 시절이고, 희망찬 미래를 그린다고 해도 아직 오지 않은 시간일 뿐이다. 지나간 날은 돌이킬 수 없어도, 오지 않은 미래는 바꿀 수 있다. 막연하게 꿈꾼다고 바꿀 수 있는 게 아니라 현재를 어떻게 보내느냐에 따라 미래가 바뀔 수 있다.

각자에게 주어진 환경이나 능력은 불공평할지 몰라도, 누구에게나 공평하게 주어진 것이 있다. 바로 '시간'이다. 하지만 시간은 우리가 인지하지 못하면 그냥 흘러가기 마련이다. 그렇지만 누구에게나 공평한 자원의 중요성을 인식하면서 시간을 밀도 있게 잘 쓰는 사람은 자신의 목표를 금방 이루고, 성공의 시기를 앞당길 수 있다. 더불어 물질적으로나 정신적으로나 풍요로운 인생을 산다. 시간은 모두에게 균등하게 주어지지만 한정된 자원이기도 하다. 하루 24시간이 정해져 있기 때문이다. 그리고 한 번 가면 다시 오지 않는다. 이러한 시간을 잘 쓰기 위해서는 평소 자신이 시간을 어떻게 보내고 있는지 아는 것이 우선이다

어린 시절을 떠올려 보자. 방학이 다가오면 스케치북에 큰 동그라미를 그리고 하루 24시간을 나눠 정성스럽게 숫자를 적던 기억이 누구나 있을 것이다. 우린 손수 시간표를 작성하면서 지키지도 못할 계획을 촘촘히 세우며 방학을 맞이했다. 물론 계획을 잘 지킨 사람도 있을 테지만…. 중요한 사실은 우리가 시간이라는 자원에 대해 어린 시절부터 인지하고 있었다는 점이다.

현재의 시간을 잘 쓰기 위해 내가 실천한 것은 바로 '하루 루틴 기록하기'였다. 시간 계획표를 쓰지 않고, 일단 하루를 내가 어떻게 보

내고 있는지 기록하면서 점검해 나갔다. 실천하면서 바뀐 것이 있다면 전에는 나도 모르게 흘려보내는 시간이 많았는데, 지금은 주어지는 순간순간에 최선을 다하고 있다는 점이다. 그리고 할 일의 무게에 짓눌려 방황하는 시간이 없어지면서 일의 능률도 높아졌다.

등산할 때 산의 정상을 보고 가면 지치지만 지금 걷고 있는 발걸음에 집중해서 앞으로 조금씩만 걸어간다면 어느덧 정상에 있는 자신을 볼 수 있다. 이와 마찬가지로 자신의 분명한 목표가 있다면 도달해야 하는 전체 목표를 먼저 생각하지 말고, 목표를 쪼개서 지금 당장 할 일에만 집중해 보자. 온전히 지금에 집중하면 몰입의 쾌감은 물론 성취감도 느낄 수 있다.

현재의 시간에 집중하고, 지속 가능한 습관을 만들기 위해 하루의 루틴을 기록해 보자. 하루의 루틴을 작성하다 보면 자신이 어떤 일에 대부분 시간을 쓰고 있는지 보인다. 더불어 시간을 어떻게 써야 할지가 보인다. 그 사소한 시간이 쌓여 나의 정체성을 형성하게 된다.

앞으로 함께할 21일간의 글쓰기 여정에서 우리는 하루 루틴을 매일 적을 것이다. 그리고 자신이 글쓰기에 집중할 수 있는 10분의 시간을 확보하려 한다. 10분은 가만히 있으면 그냥 가는 시간이지만, 10분 동안 몰입하여 매일 글쓰기를 실천한다면 삶이 분명 바뀔 수 있다. 자, 그럼 기적의 글쓰기 습관을 완성할 21일 동안의 여정으로 함께 떠나보자.

〈라이팅 액션〉

0일 차 – 하루 루틴 기록하기

1. 오늘부터 나의 하루 루틴을 시간 단위로 작성해보자.
2. 시간을 보면서 내가 활용할 수 있는 10분을 언제로 할지 정한다.
3. 앞으로의 일정에 기대하며, 마음을 다진다.

※ 하루 루틴 기록하기는 21일 동안 매일 작성해 보자.

0일 차 – 하루 루틴 기록하기의 예	〈오늘 해야 할 일〉
Date 2022. 01. 01. 금 06:00 07:00 정리, 청소하고 아침 먹기 08:00 책 읽기 (괴테와 베토벤) 09:00 책 읽기 10:00 책 읽기 11:00 인스타그램, 블로그 12:00 점심 13:00 유튜브 자료 보기 14:00 청소하기 15:00 USB 파일 정리 16:00 USB 파일 정리 17:00 USB 파일 정리 18:00 저녁 19:00 넷플릭스 시청 20:00 넷플릭스 시청 21:00 유산소 운동, 정리 22:00 반신욕 하기 23:00 인스타그램 24:00 취침	1. 운동하기 2. 책 읽기 3. 반신욕 하기 4. 파일 정리하기
〈감사 일기 3가지〉	〈느낀 점〉
1. 희망찬 새해를 시작할 수 있어 감사 2. 정리하는 하루가 되어 감사 3. 책 한 권 다 읽어서 감사	아침에 일어나서 오늘 해야 할 일을 먼저 적고 순서대로 하니 다 차근차근 할 수 있었다.

1일 차

나의 다짐 쓰기

매년 새해가 시작되면 우리는 계획을 세우고 다짐을 한다. 각자 개인적인 목표도 있지만, 공통으로 관심 있고 꾸준히 하려고 하는 것들이 영어 공부, 운동하기, 독서, 글쓰기 등이 아닐까 한다. 꾸준히 배우고 익히면서 자신을 성장시킬 수도 있지만, 바쁠 때는 어느 순간 다른 우선순위에 밀리기 쉬운 것들이기도 하다.

『성공하는 사람들의 7가지 습관』의 저자인 스티븐 코비는 시간 관리를 위한 매트릭스를 만들었는데 중요도와 긴급도에 따라 4개의 카테고리로 나뉜다.

1. 중요하고 긴급한 일
2. 중요하지만 긴급하지 않은 일
3. 중요하지 않고 긴급한 일
4. 중요하지 않고 긴급하지도 않은 일

우리가 하려고 세웠던 계획들은 아마 두 번째 카테고리인 중요하지만 긴급하지 않은 일에 속할 것이다. 긴급하지 않기에 어쩌면 뒤로 밀려날 수도 있지만, 대부분의 성공한 사람들은 두 번째의 일을 꾸준히 지속했다고 한다. 무엇보다 행동을 지속하는 게 중요하다.

우리는 21일 동안 글쓰기를 꾸준히 해서 결과물을 내 보겠다고 마음먹었다. 하지만 어디서부터 시작해야 할지 몰라 막막하기도 할 것이다. 모든 시작이 반이라고는 하지만 시작부터 너무 조급해할 필요는 없다고 말해주고 싶다. '낙숫물이 바위를 뚫는다.'라는 말이 있듯이 오늘부터 차곡차곡 쌓아가는 하루 10분이 이후에는 굉장한 변화를 일으킬 것이기 때문이다. 거창한 일은 한 번에 일어나는 게 아니라 지금 집중하는 이 일이 켜켜이 쌓여 일어나는 것이니까.

오늘은 '21일 기적의 글쓰기 습관' 1일 차다. 시작의 마음을 담아 21일까지 완주하겠다는 목표와 다짐의 글을 써 보자. 그리고 글을 쓰는 이유에 대해서도 한 번 생각해 보았으면 좋겠다. 이유와 목표가 분명하면 앞으로 나아가는 데 있어서 장애물이 오더라도 계속해서 할 수 있는 힘을 주기 때문이다. 글쓰기 습관을 만들 때 우리는 글의 형식과 양에 대해서는 생각하지 않을 것이다. 글 쓰는 것을 습관에 붙이고, 글쓰기가 좋아지는 게 우선이기 때문이다. 잘 쓰려는 마음은 내려놓고 나의 마음을 들여다보는 것이 더 중요하다.

다짐에 대한 글을 썼다면, 앞으로의 글쓰기 여정 속에서 수시로 보면서 오늘 썼던 이 마음가짐을 잃지 않도록 하자.

〈라이팅 액션〉

1일 차 – 글을 쓰고 싶은 이유와 나의 다짐

5. 글을 쓰고자 마음먹었던 계기에 대해 떠올려 본다.
6. 어떤 글을 쓰고 싶은지 생각해 본다.
7. 글을 쓰면서 달성하고 싶은 목표가 있다면 적어본다.
8. 21일간의 여정의 다짐에 관해서도 써 본다.

1일 차 – 글을 쓰고 싶은 이유와 나의 다짐

2일 차

좋아하는 것 10가지 작성하기

"나는 다른 사람들은 잘 돌보는데, 나를 돌보지 않는 것 같아."

오랜만에 친한 친구와 통화를 했다. 종합병원 임상 연구간호사로 일하고 있는 친구는 요즘 눈코 뜰 새 없이 바쁘다고 했다. 그런데 그런 와중에 딸과 시댁, 자신의 부모님을 챙기면서 정작 자신은 챙기지 않는 거 같다고 말했다. 한창 자라나는 아이를 키우는 엄마의 역할에 일까지 하며 가족을 돌보려니 정작 자신을 돌볼 시간은 없는 것이다.

어느 순간 보니 자신이 좋아하는 게 무엇이었는지, 어떤 삶을 살기를 원했는지도 모르겠다고 했다. 삶이 자신이 아닌 가족과 남에게 맞춰져 있기 때문이다. 자신에게 관심을 가지고, 자신을 돌보면서 사랑해 줘야겠다는 생각이 불현듯 들어서 실천하고 있다고 한다. 먼저 자신의 건강을 돌보기 위해 영양제를 챙겨 먹고, 자신의 마음에 계속해서 귀를 기울이려고 노력하는 중이라고 했다.

우리는 오늘을 살아내기에도 벅참을 느낀다. 우리에게 주어진 호칭에 맞는 삶을 살아야 하기 때문이다. 부여된 호칭이 많은 사람일수록 그 무게와 중압감은 커지고, 그 자리에 나는 점점 없어지는 것 같은 기분도 느낀다. 여러 가지 이유로 등한시했던 자신의 목소리에 온전히 귀를 기울이면서 내가 좋아하는 것을 정리하는 시간을 가졌으면 좋겠다.

뮤지컬 영화 〈사운드 오브 뮤직〉에는 이런 장면이 있다. 천둥, 번개가 치던 날 밤 7명의 아이가 각자의 방에 있다가 가정교사 마리아의 방으로 모여든다. 천둥, 번개가 무섭고 두려운 아이들에게 마리아 선생님은 각자 자신이 좋아하는 것들을 떠올려 보라고 한다. 자신이 좋아하는 것들을 떠올리며 말하는 아이들은 금방 웃음을 되찾고 장난을 친다. 언제 그랬냐는 듯이. 그리고 각자 '내가 좋아하는 것들 (My favorite song)'이라는 노래를 부른다.

좋아하는 무언가를 떠올리는 것만으로도 긍정적인 마음이 들고, 행복을 느낄 수 있다. 좋아하는 것들을 생각하면 바로 떠오르는 사람이 있고, 그렇지 않은 사람도 있을 것이다. 평소 자신에게 관심을 기울인 사람들은 쉽게 쓸 수 있을 것이다. 하지만 좋아하는 것이 무엇인지 아직 모르는 사람들이 있다면 지금부터 찾아 나가면 된다. 거창하지 않아도 좋다. 좋아하는 것은 물건이 될 수도 있고, 사람 혹은 보이지 않는 무언가가 될 수도 있다. 제한하지 말고 마음껏 떠올려 보자.

마음을 편안히 가지고 내 마음을 들여다보자. 내가 좋아하는 것들이 떠올랐다면 이제는 펜을 들고 종이에 하나씩 적어 내려갈 차례다. 왜 그것들을 좋아하는지에 대한 이유도 밑에 함께 적어보자. 적으면서 자신도 모르게 입가에 미소가 머무는 것을 느낄 수 있다. 좋아하는 것을 다 쓰고 시간이 된다면 앞으로 하고 싶은 일들, 이루고 싶은 일들을 작성해보자.

좋아하는 것들이 있으면 삶이 더 풍요로워진다. 하고 싶은 일, 이루고 싶은 목표는 삶에 활기를 돌게 하고, 희망을 품게 한다. 그리고 이것들이 결국 나의 글에서 주된 소재가 되는 것이다.

〈라이팅 액션〉

2일 차 - 좋아하는 것 10가지 작성하기

1. 긴장을 풀고 편안하게 앉는다.
2. 내가 좋아하는 것들을 떠올리며 적어 내려간다(자유롭게).
3. 시간이 된다면 하고 싶은 것 10가지를 추가로 작성한다.
4. 이 리스트를 복사해서 책상 앞에 붙여 놓는다.

2일 차 - 좋아하는 것 10가지 작성하기

3일 차

행운 일기 쓰기

자신이 행운이 있는 사람이라고 생각하는가? 아니면 평소 행운이 없다고 생각하는가? 평소 행운이 있다고 생각하는 사람에게 더 많은 좋은 일들이 생기기 마련이다. 생각에는 위대한 힘이 있기 때문이다.

나는 일상 속에서 행운의 일을 많이 끌어당기는 편이다. 최근에 있었던 행운의 일을 떠올려 본다면, 대학원에 다니면서 내가 쓴 뮤지컬 대본을 관객이 있는 공연장에서 구현할 수 있었던 일이다. 이렇게까지만 보면 뭐 그냥 어렵지 않은 일 아니야? 생각할 수도 있는데 그때는 예상치 못한 감영병 유행으로 모두가 우왕좌왕하던 때였다.

많은 사람이 모이는 공연장은 문을 닫을 수밖에 없었고, 공연이 줄줄이 취소되었다. 학생들이 있는 학교는 다른 기관들보다 더욱 조심해야 했다. 학생들은 모일 수도, 연습을 할 수도 없었다. 대처 방안을 찾기 위해 논의하던 중 영상으로 공연을 만들어보자는 의견이 나왔다. 나는 그 시도에 좀 회의적이었다. 한정된 공간에서 관객과 함께하는 공연이라는 장르만의 특성이 있었기 때문이다. 또한, 나는 영상 관련 일을 해 봤고, 공연이 가진 그 특성이 좋아서 일을 하겠다고 선택했기 때문이다.

공연은 11월로 예정되어 있었다. 하지만 상황에 따라 영상촬영만 해야 할 수도 있었다. 그럼에도 내 마음에는 '관객과 만나는 공연을 할 수 있을 거야.'라는 강한 믿음이 있었다. 공연을 준비하는 내내 쉽지 않았지만, 결국엔 한 칸 띄어 앉기를 하며 관객들을 직접 만나는 공연을 올릴 수 있었다.

행운의 일이란 거창한 사건이 아니다. 필요했던 물건을 선물로 받게 되었다든지 우연한 정보로 일자리를 구했다든지 하는, 생각지도 않았던 좋은 일들이 생겼을 때 우리는 행운이 있다고 말한다. 행운이란 예상치 못한 방법으로 올 때가 많다. 인지하지 못했던 소소한 행운의 일들을 떠올리며 감사하다 보면, 나도 모르게 행운이 따르는 사람이라고 인식하게 된다. 그리고 그 인식은 더 많은 행운을 끌어당긴다.

원하는 것을 노력해서 얻는 걸 우리는 행운이라고는 말하지 않는다. 행운이란 '예상치 못함'이라는 전제가 깔려 있다. 그렇기에 행운은 불가능해 보이는 일들도 가능하게 만드는 힘이 있다. 내 생각으로 도무지 할 수 없는 일이 있을 땐 단정하지 말고, 어떤 기적의 손길이 와서 그 일을 되게 할지, 나를 도울지 기대해 보는 것도 좋지 않을까. 다만 집착은 금물이고, 설령 안 되더라도 상관없다는 마음을 가져야 한다. 중요한 것은 내게 행운이 따른다고 가슴 깊이 믿고, 행운이 있었던 일들을 발견하여 계속해서 나의 행운을 쌓아가는 것이다. 행운 일기를 쓰면서 말이다.

그렇다면 행운 일기는 언제 쓰는 것이 좋을까? 자기 전 몸과 마음이 이완된 상태에서 하루를 떠올려 보며 행운 일기를 쓰는 것을 추천한다. 그 어떤 부담을 가질 필요 없이 행운 일기는 간단하게 한 줄 정도만 써보자.

오늘 하루 있었던 일을 떠올리며 행운이었다고 생각되는 일이 있었는지 생각해 본다. 아주 사소한 것이라도 좋다. 세 가지 정도 행운의 일을 작성한 후, 뒤에 꼭 나는 행운이 따르는 사람이라고 진심으로 느껴야 한다. 행운 일기를 쓰다 보면 감사는 저절로 따라오고 계속해서 행운이 따르는 사람이 된다.

라이팅 액션

행운 일기 쓰기

1. 편안한 자세로 오늘 있었던 일을 떠올린다.
2. 소소하고 사소한 행운의 일들 세 가지를 적는다.
3. 세 문장 뒤에 반드시 '나는 행운이 따르는 사람이야.'라는 말을 적는다.
4. 행운에 감사하는 마음을 가진다.

3일 차 – 행운 일기 쓰기

4일 차

하루 일과를 써 보기

어린 시절에 일기는 한 번쯤 다 써 봤을 것이다. 자의적이든 타의적이든 말이다. 일기 쓰는 일이 마지못해 하는 숙제였다면 일상을 나열하는 데 그쳤을 것이고, 자신이 원해서 썼다면 남에게 보여주지는 못하는 글이 대부분일 테다. 아마도 일기가 자신의 감정 해소 창구가 되었을 확률이 크기 때문이다.

글을 쓰는 사람들, 성장을 이룬 사람들은 일기의 중요성에 대해 말을 한다. 일기를 쓰면서 하루 있었던 일을 돌아보고 좋은 일이 있었다면 더 기쁨을 느낄 수 있다. 만약 좋지 않은 일이 있었다면 반성의 계기로도 삼을 수 있다.

매일 같은 일상을 살고 있어서 그에 대한 글을 쓴다고 하면 지겹게 느껴질 수도 있지만, 일기는 글쓰기 단계에서 여러모로 기초가 되는 일이다. 그리고 일기를 쓰다 보면 매일 반복되는 일상 속에서도 미세한 차이가 있다는 것을 인식할 수 있다.

나는 중학교 때부터 일기를 써 왔고, 중학생 시절의 일기장을 아직도 간직하고 있다. 가끔 일기장을 들춰보면 '어렸을 땐 이런 생각을 하면서 살았었구나.' 생각하게 된다. 어떤 부분에 있어선 아주 발전한 나를 보기도 하고, 또 어떤 부분에 있어선 어린 시절과 비슷한 고민을 하고 있다고 생각하기도 한다.

지금 내가 보내고 있는 시간을 잡을 순 없지만, 글을 써 놓으면 훗날에 다시 잡을 수 있는 시간이 된다. 일기를 통해서 그때의 일을 생생하게 그릴 수도 있고, 감정을 느껴볼 수도 있다. 그리고 일기를 통해 성장할 수도 있다. 일기는 누구에게 보여주려고 쓰는 게 아니니 내가 느꼈던 감정을 솔직하게 쏟아낼 수도 있고, 나도 모르는 사이에 치유 받기도 한다.

일기는 자신을 위한 글이지만, 일기를 조금만 더 객관화하면 남에게 보여줄 수 있는 에세이가 된다. 에세이를 쓰기에 앞서 자신의 일과에 관해 작성하는 것은 글쓰기 소재를 찾는 데도 도움이 된다.

글쓰기 습관 만들기 시작에 앞서 하루의 루틴을 기록해 보았고, 계속해서 기록하고 있을 것이다. 이쯤이면 3~4일의 자신의 하루 루틴이 적혀 있을 것이고, 자신이 대부분 어떤 일에 시간을 쓰고 있는지 볼 수 있다. 자신의 일과가 머릿속에 있는 사람과, 그렇지 않은 사람은 나중에 봤을 때 성장에 있어서 엄청난 차이를 보인다.

그동안 시간 별로 한 일들을 아주 짧은 단어로 기록했다면, 이제 그 단어들을 엮어 문장으로 만들 차례다. 일과를 쓰는 방식은 자유롭다. 일어나서 자기 전까지 했던 일들을 시간순으로 나열해도 좋고, 특징적인 일과를 쓰고 가장 기록하고 싶었던 중심적인 일을 세밀하게 써도 좋다. 자신의 방식대로 글을 써 내려가고 자신의 문체를 찾는 일이 중요하다. 아직 자신의 문체는 모르더라도 앞으로 찾아가게 될 것이다.

10분을 맞춰 놓고 하루 있었던 일을 떠올려 글을 적어 내려가자. 핵심은 마지막에 짧은 소감으로 마치는 것이다. 하루 있었던 일들을 통해서 전체적으로 내가 깨달은 점이나 감정들을 한 문장으로 요약해서 쓰는 것이 중요하다.

〈라이팅 액션〉

4일 차 – 하루 일과를 써 보기

1. 평소 자신의 하루 루틴을 생각해 본다.
2. 기상부터 취침 전까지 자신의 평범한 하루 일과를 기록해본다.
3. 임팩트 있는 사건이 있었다면 중점적으로 써도 된다.
4. 일과를 기록한 후 깨달은 부분을 마지막에 한 줄로 마무리한다.

4일 차 – 하루 일과를 써 보기

5일 차

감정을 돌아보고 글쓰기

우리는 살아가면서 수없이 많은 감정을 느낀다. 분명 어떤 감정을 느끼고 있지만 말로 표현하지 못할 때도 많다. 자신이 느끼는 감정에 대해 인식하려고 하지 않았기 때문이 아닐까. 순간순간 느끼는 자신의 감정을 알아채며 사는 사람은 얼마나 될까? 그리고 그 감정을 제대로 표현하는 사람은 또 얼마나 있을까?

자신의 감정을 알아채는 일은 중요하다. 감정을 느낀다는 것은 분명 그 감정을 느끼게 만든 어떤 상황이나 의도가 있었기 때문이다. 그런 요소들로 인해 마음에 변화가 일어나는 것이다. 복잡한 감정이 들 때, 고민되는 일이 있을 때 걱정을 잠시 내려놓고 감정에 대해 글을 쓰다 보면 어느 정도 정리되는 것을 경험할 수 있다. 바로 글이 주는 치유의 힘이다. 또한, 자신의 감정을 알아채고 글을 쓰면, 언젠가는 나의 글이 비슷한 상황을 경험했던 다른 사람에게 공감을 불러일으키고, 위로를 줄 수도 있다.

어쩌면 글쓰기라는 작업은 자신의 마음속에 자신이 뛰어놀 수 있는 작은 놀이터를 만들어 주는 일이 아닐까. 글을 쓰고 싶은데 어떻게 써야 할지 몰라 망설일 필요 없다. 또한, 형식에 갇혀 써야 한다는 강박관념 등은 모두 버려도 좋다. 중요한 건 내 감정에 집중하는 것이고, 글을 쓰면서 감정을 알아채고 흘려보내는 일이다.

오늘은 하루를 돌아보며 느꼈던 감정에 귀를 기울일 것이다. 만약 오늘 하루 동안 생각나는 감정이 없다면 최근의 하루 루틴 노트를 보며 감정을 떠올려도 좋다. 특별하게 어떤 감정을 느낀 적이 있다면, 그건 어떤 사건이었는지 한번 생각해 보자. 그 에피소드로 들어가 현미경을 가지고 에피소드를 세밀하게 들여다볼 것이다. 있는 그대로 솔직하게 느낀 감정까지 다!

감정을 쓰는 지금, 이 순간만큼은 자신이 느꼈던 감정에 대해 솔직하고 거침없이 표현하는 것이 중요하다. 기쁨, 슬픔, 두려움 등의 여러 감정이 있는데 자신이 느꼈던 감정을 다양하게 표현하기 위해 감정 관련 단어를 예로 들어본다. 어떤 순간에 어떤 감정을 느꼈는지, 무슨 일 때문이었는지, 그리고 또 추가로 떠오른 생각이 있다면 자유롭게 적는 시간을 가졌으면 한다.

〈감정을 나타내는 단어 예〉

기쁨, 행복	슬픔, 걱정	두려움, 분노
기쁘다.	쓸쓸하다.	두렵다.
편안하다.	우울하다.	불안하다.
평화롭다.	비참하다.	무섭다.
즐겁다.	절망스럽다.	초조하다.
황홀하다.	혼란스럽다.	떨리다.
재미있다.	괴롭다.	절망적이다.
만족스럽다.	걱정스럽다.	화나다.
반갑다.	당황스럽다.	신경질나다.
신난다.	불편하다.	밉다.
감동하다.	안타깝다.	부끄럽다.

〈라이팅 액션〉

5일 차 – 감정을 돌아보고 글쓰기

1. 오늘 하루 느꼈던 주된 감정에 대해 생각해 본다(감정 표현 표 참고).
2. 그 감정이 들었던 에피소드를 생각해 본다.
3. 글의 시작은 "나는 오늘 어떤 감정을 느꼈다."로 한다.
4. 그리고 왜 그런 감정을 느꼈는지 이유를 작성한다.

5일 차 – 감정을 돌아보고 글쓰기

6일 차

자유롭게 글쓰기

글을 쓰는 가장 쉬운 방법은 무엇일까? 그냥 쓰는 것이다. 우리는 그동안의 글쓰기 여정을 통해서 하루에 글을 쓸 시간 10분을 확보했고, 그것을 습관화하기 위해 노력하고 있다. 그리고 하루 루틴을 적어 내려가고 있다. 그렇게 본다면 우리는 매시간 쓰는 행위를 하고 있다고도 말할 수 있다. 글쓰기를 너무 무겁게 생각하지 않아도 된다는 말이다.

이렇게 말하는 건 쉽지만 막상 글을 쓰려고 하면 무슨 말을 써야 할지 모를 때가 많다. 그래도 글을 쓸 때는 쓸 '무엇'이 있어야 한다고 생각하기 때문이다. '무엇'이 정해진다면 의외로 글은 쉽게 쓸 수도 있다. 하지만 우리는 언제나 형식 앞에 부딪힌다. 형식이 갖춰져야 잘 쓸 수 있다고 생각해서다. 오늘은 그런 형식들을 다 내려놓고 본연의 나의 모습으로 돌아가서 떠오르는 모든 걸 글로 쓰는 연습을 할 것이다.

글을 쓰려고 하는데, 딱히 뭘 써야 할지 생 각나지 않을 때 자유롭게 글을 써 보는 것을 추천한다. 타이머를 맞추고 앉아서 아무 말이나 적으면 된다. 쓸 게 생각나지 않는다면 생각나지 않는다고 솔직하게 쓰면서 한 글자씩 채우다 보면 꼬리에 꼬리를 물고 쓸 거리가 생각난다.

글쓰기는 목적이 아닌 과정이라는 사실을 명심하자. 목적이 되면 부담이 되지만 과정은 부담 없이 충분히 즐길 수 있다. 쓰는 과정 자체를 즐기자는 말이다. 어떤 결과물을 내야 하는 것도 아니다. 주제를 갖지 않고 정해진 시간 동안 떠오르는 생각들을 자유롭게 적어 내려가는 건, 우리 마음 저변에 있는 글쓰기의 두려움과 어려움을 덜어내어 글을 가볍고 쉽게 쓸 수 있게 하는 방법이다.

등산할 때 가끔 아주 높은 산을 등산하는 것이 건강에 좋을까, 아니면 매일 30분이라도 꾸준히 주변을 산책하는 것이 더 건강에 좋을까? 두말할 것 없이 매일 조금씩 꾸준히 하는 운동이라고 대답할 것이다. 자유롭게 글쓰기는 그런 의미에서 매일 하는 가벼운 산책이라고 말할 수 있다. 기분이 좋지 않을 때 30분 정도 산책을 하고 나면 기분이 한결 좋아지는 것처럼, 자유롭게 글쓰기를 하고 나면 기분이 조금 산뜻해진 것을 느낄 수 있다.

글을 쓸 때, 글 쓸 기분이 아니더라도 일단 앉아서 10분을 정해 놓고 떠오르는 생각들을 적어 나가다 보면 마음이 명확해지고 정리되는 것을 느낄 수 있다. 그리고 채워지지 않을 것 같았던 흰 백지가 어떻게든 채워지는 경험을 하게 된다. 이러한 경험이 반복해서 쌓이다 보면 글 쓰는 게 쉬워지고, 어느 순간 백지 위의 글자들이 춤을 추는 듯한 느낌을 받을 수도 있다. 그때 진정 글쓰기를 즐기고 있는 자신을 발견하게 될 것이다.

자유롭게 글을 쓰기에서 중요한 것은 10분을 정해 놓고 무조건 앉아서 빈 종이를 채워야 한다는 것이다. 종이에 손으로 써도 좋고 컴퓨터를 사용해도 좋다. 글을 쓸 때는 맞춤법이나 문법 등을 신경 쓰지 않고 흘러가는 생각들을 그대로 글로 쓰는 게 중요하다. 백지 위에서 그냥 놀아보며, 아무거나 써도 글이 된다는 생각으로 글쓰기를 조금 더 만만하게 대하는 것이다. 힘들이지 않고 글을 쓰는 방법을 익힐 수 있을 뿐 아니라, 그사이 스치는 다양한 감정과 생각, 경험을 만날 수 있다. 편안한 마음을 유지하면서 쓰고, 누구에게 보여줄 글이 아니니 걱정하지 말고 자신이 생각하는 것들을 자신만의 언어로 편하게 적어 내려가는 것이 포인트다.

〈라이팅 액션〉

6일 차 – 자유롭게 글쓰기

1. 타이머 10분을 설정한다.
2. 편안한 마음을 가지고 10분 동안 머리를 스치는 모든 생각을 적어 나간다.
3. 이 시간 동안 절대 집중해서 쓴다.
4. 쓰는 도중에 앞의 글을 읽으며 수정하지 않는다.
5. 타이머가 울리면 과감히 덮는다.

6일 차 – 자유롭게 글쓰기

2단계

일상을 관찰하며 글쓰기

7일 차

산책하면서 생각났던 일

매일 글을 쓰는 '작가'라는 직업을 가진 사람들의 하루 루틴 중 빠지지 않는 것이 있다. 그건 바로 '산책'이다. 산책은 휴식을 취하거나 건강을 위해서 천천히 걷는 일을 말한다. 주변을 돌아보며 천천히 걸으며 복잡했던 마음이 정리되기도 하고, 생각지도 못한 아이디어가 떠오르기도 한다고 한다. 산책은 바쁘고 복잡한 삶에 여백을 두는 일이다. 그 여백을 통해 무궁무진한 일과 에너지가 차고 넘칠 수 있다.

예전에 난 기분이 상하는 일이 생기거나, 우울감이 몰려올 때 운동화를 신고 밖으로 나가 무작정 걸었다. 가만히 있으면 생각에 생각이 꼬리를 물고 걷잡을 수 없이 커지기 때문이다. 계속되는 생각에 잠도 잘 자지 못했다. 그래서 선택한 것이 몸을 움직이는 일이었다. 몸을 피곤하게 만들면 생각이 파고들 틈이 없다. 그리고 적당한 피로감을 느껴 잠을 설치지 않게 된다.

요즘의 내가 달라진 게 있다면 기분이 좋은 날에도 산책한다는 것이다. 최근 꾸준한 걷기를 통해 산책의 묘미를 알게 되었다. 어느새 산책은 나의 하루 루틴으로 자리 잡아서, 매일 아침이나 저녁에 꾸준히 한 시간씩 걷고 있다. 이 단순한 행위를 통해 난 마음을 깨끗하게 정리하기도, 쓰려는 글과 하려는 일의 아이디어를 얻기도 한다.

처음에 산책할 때는 음악이나 라디오 등 항상 뭔가를 들으면서 다녔다. 정적이 어색했고 떠오르는 생각을 막기 위해 다른 것에 집중해야 했기 때문이다. 그런데 어느 순간부터 주변에 보이는 것들에 집중하면서 풍경을 보게 되었고, 나와 대화하기 시작했다. 예전에는 떠오르는 상념을 애써 외면하려고 했다면 지금은 산책을 통해 그 생각들을 흘려보낸다. 감정은 그렇게 정리를 하고, 그 순간 떠오르는 아이디어는 붙잡고 실행을 하려고 노력한다. 산책하면서 떠오르는 생각은 그때그때 휴대폰으로 메모를 한다. 그리고 돌아와서 정리하고, 행동으로 옮긴다.

비우는 작업을 통해 우리는 새로이 채워나갈 수 있다. 하루 10분이라도 산책으로 비움을 경험했으면 한다. 산책할 때는 일부러 생각하려고 하지 않아도 되고, 걷는 것에만 집중하는 것이 좋다. 걷다 보면 올라오는 생각들이 있을 것이다. 생각이 나면 나는 대로 흘려보내면 된다.

산책하고 돌아와선 산책 중에 생각났던 일이나 산책을 통해 깨달았던 일을 자유롭게 적어 나간다. 특별한 형식은 없다. 이렇게 시간을 정해 놓고 하는 산책으로 기분이 좋아지고, 인생에 활력이 생긴다. 그리고 그 후에 하는 짧은 글쓰기로 생각과 감정을 정리하고, 스쳐 가는 아이디어를 붙잡는 방법을 알게 될 것이다. 그런 산책의 길로 여러분을 초대한다.

〈라이팅 액션〉

7일 차 – 산책하면서 생각났던 일

1. 가벼운 복상, 운동화를 신고 밖으로 나간다.
2. 원하는 만큼 걷는다.
3. 머릿속에 드는 생각을 자연스럽게 흘려보낸다.
4. 산책 다녀와서 생각난 일, 깨달은 점 등을 10분 동안 적는다.

7일 차 – 산책하면서 생각났던 일

8일 차

미래의 내가 지금의 나에게 하는 조언

10년 전의 자신을 떠올려 보자. 무슨 고민을 하면서 살았는지 뚜렷하게 기억나는가? 그때는 고민이라고 생각했던 일들, 세상이 무너지는 듯한 기분을 느꼈던 일도 있었을 것이다. 잠을 설치면서 몇 날 며칠을 고민하던 일들도 어떻게든 자리를 잡으면서 해결된다는 사실을 우리는 알고 있다.

하지만 그 과정에 있으면, 다 괜찮아질 거라는 믿음이 흔들릴 때가 많다. 당장 닥친 일이 너무나도 크게 느껴지기 때문이다. 지금 고민거리가 생겼거나, 자신에게 닥친 일이 나의 전부를 차지할 만큼 크게 느껴질 때는 그 속에 빠져 있지 말고 한 발짝 나와서 그 상황이나 자신을 보는 편이 좋다. 나의 고민에 거리 두기를 하는 것이다. 그러면 거짓말같이 해결 방법이 보이기 시작한다. 어떤 일이든 그 안에서 골몰해 있으면 객관적으로 보기 어렵기 때문이다.

어렸을 때 나는 어른들이 하는 삶의 조언을 듣고 의구심을 가진 적이 많았다. 삶은 다양한데 일반화해서 하는 말들을 인정하기가 힘들었던 것 같다. 하지만 시간이 지나면서 그런 보편적인 말들에 고개를 끄덕이게 된다. 경험하지 않았을 때는 다 할 수 있을 것만 같았던 패기가 이리저리 부딪히고 넘어지면서, 성숙이란 이름으로 자리

잡은 것 같다. 이러한 삶의 지혜를 좀 더 일찍 알았더라면 시행착오를 줄이면서 살 수 있었을까? 지금 알고 있는 것들을 그때도 알았더라면 그때 했던 선택과는 다른 선택을 했을까? 가끔 이런 생각이 들기도 한다. '지금 내가 알고 있고, 경험한 것들을 그대로 가지고 10년 전으로 돌아가서 다시 산다면 어떨까?' 아마도 완벽한 인생을 살 수 있겠지 싶다가도, 같은 선택을 하며 살지 않았을까 하는 생각도 든다.

인생은 선택의 연속이고, 그 선택으로 인해 이루어진다고 할 수 있다. 하나를 선택하면 다른 쪽은 포기해야 한다. 이미 선택한 일은 경험을 해 봤기에 후회가 없지만, 가보지 않은 길에 대해선 미련이 남는 것은 당연하다. 우리는 모두 해보지 않은 것에 대해 어느 정도의 환상을 갖는 심리가 있기 때문이다. 정말 갖고 싶었던 물건이 내 손에 들어왔을 때부터는 관심이 시들해지는 것처럼 말이다.

과거는 이미 지났기에 어찌할 수 없어도, 현재를 통해 다가올 미래를 대비할 수 있다. 만약 지금 어떤 일로 고민하고 있다면 미래의 내가 봤을 때 어떤 말을 해 줄 수 있는지 한번 생각해 보자. 우리가 10년 전의 나를 바라봤을 때, 해 주고 싶은 말이 있을 것이다. 그걸 한번 미래의 내가 되어 지금의 나에게 해 보는 것이다.

지금의 나에게 위로를 해 줘도 좋고, 인생에 대해 전반적인 충고를 해도 좋다. 편지 형식으로 써도 좋고 다른 형식으로 써도 좋다.

형식과 양은 자유이다. 중요한 건 나의 미래의 모습을 그려보는 일이고, 현재에 많은 고민을 하면서 시간을 낭비하지 말자는 것이다. 즐겁고 행복하기에도 모자란 시간이니까. 남에게 듣는 생각이 아닌 자신에게서 깊숙이 우러나오는, 어떤 말에도 흔들리지 않는 나만의 인생철학을 갖기 위해 말이다.

〈라이팅 액션〉

8일 차 – 미래의 내가 지금의 나에게 하는 조언

1. 지금 고민되는 일을 떠올린다.
2. 미래의 내가 되어 지금 하고 있는 고민에 대한 조언을 쓴다 (전반적인 인생에 대한 조언을 써도 좋다.).

8일 차 – 미래의 내가 지금의 나에게 하는 조언

9일 차

주변의 사물을 골라 묘사하기

자신이 가장 아끼고 좋아하는 물건이 있는가? 왜 그 물건을 좋아하는가? 아마 그 물건으로 인해 편리함이나 행복감을 느끼기 때문일 것이다. 물건은 물건으로서 기능을 하지만, 그것엔 특별한 경험으로 인한 스토리가 부여될 수 있다. 그리고 그 물건은 더 특별해지며 의미가 생긴다.

글을 쓰려고 할 때, 대부분은 자기 안에서 소재를 찾으려고 한다. 하지만 우리는 주변을 관찰하는 것도 잊지 말아야 한다. 관찰하고 표현하는 과정을 통해 우리는 생각의 깊이를 확장할 수 있고 창의력을 키워갈 수도 있다.

물건은 움직이지 않지만 저마다의 기능을 하고 있다. 기능이 없다면 애초에 물건으로 만들어지지 않았을 테니까. 아니면 어쩌다가 생겼는데 기능이 부여된 것도 있을 수 있다. 물건을 발명하고 만드는 것은 사람이다. 사람의 필요에 의해 만들어지기에 각각의 쓰임새가 있다. 오늘은 주변 사물에 관해 쓰면서 묘사하는 감각을 익혀보려 한다.

생각을 열어놓고 물건을 바라보다 보면 물건에 궁금증이 일 것이다. 평소에 단편적으로만 생각했던 것들이 입체적으로 보일 수 있다. 그렇게 자연스럽게 물건에 대해 대화를 걸어보자. 묘사하는 방법에 정답은 없지만, 좀 더 재미있게 하자면 스무고개 형식으로 짧게 특징을 적어 내려가도 좋을 것이다.

먼저 묘사할 물건을 찾고, 선택했다면 외적인 모습부터 잘 관찰해 보자. 그리고 외적으로 보이는 특성에 대해 보이는 대로 써나간다. 더 나아가서 물건이 가진 기능과 쓰임새, 독특한 가치에 대해 적어도 된다. 물건에 얽힌 에피소드나 사연이 있다면 그것도 함께 적어도 된다. 하지만 주의해야 할 점은 개인적인 이야기를 할 때는 너무 개인적으로 치우치지 않게 보편성을 생각하면서 글을 써야 한다는 것이다.

이 글을 쓰면서 전보다는 더 주변의 사물에 좀 더 관심을 두게 될 것이다. 글을 쓰려면 주변을 관찰하는 것을 멈추지 말아야 한다. 인제, 어디서 아이디어가 나올지 모르기 때문이다. 관찰을 통해서 우리는 글 쓸 소재를 발견할 수 있고, 그것에 관해 쓰면서 다각적인 시선으로 보고 표현하는 능력을 향상할 수 있다. 이 작업은 어쩌면 사물에 생명을 불어넣어 주는 일일 수도 있다.

〈라이팅 액션〉

9일 차 - 주변의 사물을 골라 묘사하기

1. 지금 자신의 주변에 있는 물건을 하나 선택한다.
2. 물건을 묘사해 나간다(ex. 스무고개 형식으로).

Tip : 사물의 외적인 것을 표현해도 좋고, 특징, 용도를 표현해도 좋다.

9일 차 - 주변의 사물을 골라 묘사하기

10일 차

내가 있는 장소에 관해 설명하기

대부분의 시간을 어떤 공간에서 보내고 있는지 생각해 본 적이 있는가? 아마 집, 직장, 아니면 학교가 아닐까 한다. 언제 어디든 갈 수 있다고 생각했던 공간이 예상치 못한 상황으로 인해 막히는 경험을 했다. 어쩔 수 없이 집에 거주해야 하는 시간이 많아지면서 공간에 대한 인식을 다시 하게 다시 하게 됐다.

자신과 맞는 공간은 처음 발을 디뎠을 때 알아볼 수 있다. 마치 처음 사람을 만날 때와 같은 느낌으로 다가온다. 물론 익숙해지면 그곳이 좋아지기도 하지만 말이다. 하지만 아무리 노력해도 익숙해지지 않는 공간도 분명 있을 것이다.

어떤 공간에서는 집중이 잘 되기도 하고, 또 다른 공간에서는 편안함을 느낀다. 분명 공간이 주는 힘이 있다. 그리고 그런 공간에서 대부분 시간을 보낼 수 있다면, 정말 행복하지 않을까.

나는 답답하고 어두운 공간을 싫어한다. 아침에 일어나면 창문을 열고 해를 꼭 봐야 하고, 밝은 전등을 선호한다. 그리고 꽉 막힌 공간에 오래 있지 못한다. 자연을 보면서 좋은 감정을 유지해야 한다. 그래서 공간에 조금 더 민감함을 느낀다. 하지만 어떤 사람은 어둡거나 차단된 공간을 선호하기도 한다. 이건 분명 성향 차이이다.

자신이 있는 익숙한 공간에서 조금만 떨어져 새로운 곳을 가면 또 우린 낯선 공간에서 주는 또 다른 에너지를 받을 수도 있다. 그 공간은 시간과 날씨, 함께하는 사람에 따라 기분을 변화시킨다. 그렇게 공간이 주는 풍성함을 느껴보는 거다.

오늘은 공간에 관해 설명해 보도록 하자. 그 공간은 자신이 대부분의 시간을 보내는 익숙한 곳일 수도 있고, 새로운 경험을 했던 어딘가일 수도 있다. 익숙한 공간을 바라보다 그 속에서 작은 새로움을 느낄 수도 있다. 또한 낯선 공간을 떠올리면서 우리는 그때 느꼈던 좋은 감정을 소환할 수도 있다.

지금 떠오르는 그 공간을 그려보며 공간에 대한 설명을 누군가에게 한다고 생각하고 글을 적어 내려가 보자.

〈라이팅 액션〉

10일 차 – 내가 있는 장소에 관해 설명하기

1. 내가 있는 공간 전체를 둘러본다.
2. 공간을 설명하는 글을 쓴다.

Tip : 공간에서 일어나는 특별한 상황이 있다면 상황에 관해 써도 좋다.

10일 차 – 내가 있는 장소에 관해 설명하기

3장

21일 만에 완성하는 글쓰기 전략

11일 차

나의 가치관에 대해 글쓰기

평소 나는 '태도'를 중요하게 여기는 편이다. 그래서 어떤 일을 하든, 누구를 만나든 좋은 태도를 유지하기 위해 노력한다. 이렇게 나에 대해서나 사람들 또는 어떤 사물에 대해 가지는 태도를 '가치관'이라고 할 수 있는데, 자신의 가치관을 정립해 나가면서 사는 것은 중요하다. 무엇보다 인생을 살면서 흔들리지 않는 마음을 가질 수 있고, 어떤 일에든 확신 있게 행동할 수 있기 때문이다. 우리의 인생을 이루어가는 건 행동과 마음이 아닐까.

가치관은 한 번에 정립되지 않을 수 있다. 내가 했던 경험, 그리고 그 경험을 통해 깨닫고 사유해 나가는 과정에서 나만의 가치관을 정립해 나갈 수 있다. 남이 주는 것이 아닌 오롯이 자신의 내면 안에서 성찰이 나올 때 흔들리지 않는 가치관을 가지고 자신의 인생을 좀 더 확신 있게 살 수 있다.

평소 생각을 하면서 살지만 떠오르는 생각을 일목요연하게 정리할 때 어려움을 느낄 수도 있다. 생각하는 것, 그리고 말하는 것과 글 쓰는 것은 모두 다른 영역이기 때문이다. 그래서 우리는 잘 표현하기 위해 계속 의식하면서 훈련해야 한다. 훈련이라고 해서 거창한 것은 아니다. 매일 조금씩 습관을 들이자는 말이다.

생각은 굳이 노력하지 않아도 할 수 있다. 오히려 생각을 멈추는 것을 노력해야 한다. 내게 떠오르는 생각을 정리해서 말을 하려고 할 때 큰 노력을 들여야 한다. 오늘은 내 생각을 표현하는 글을 써 보고자 한다. 평소 가지고 있던 생각은 나의 가치관이 된다. 그 가치관을 정리해서 써 보도록 하자.

사람들이 가진 보편적인 생각이 있다. 예를 들어 '돈이 많으면 행복하다.'라든가 '살이 빠지면 자신감이 생긴다.'와 같은 생각들 말이다. 내가 지금 관심 있는 분야의 키워드를 떠올리고, 사람들이 그 부분에 가지고 있는 보편적인 생각을 한번 써 본다. 그리고 그 뒤에 내 생각을 이어 나가는 것이다. 처음에는 생각이 정리되지 않은 채로 써나갈 수 있다. 괜찮다. 우리는 완벽한 글을 쓰려고 하는 게 아니라 내 생각을 글로 나타내는 훈련을 하는 것이기에. 또한 자기 생각을 글로 정리하는 습관을 들이다 보면, 어느 순간 잘하고 있는 자신을 볼 수 있을 테니까.

글을 쓸 때 경험과 생각이 적절하게 버무려지면 좀 더 풍성하고 가독성이 있는 글이 된다. 경험을 쓰는 건 어렵지 않아도, 생각을 정리하는 건 한 번에 되지 않으니 계속해서 써 보도록 하자. 처음에는 한 줄이라도 좋다. 그리고 점점 늘려나가는 것이다.

평소 사유하는 습관을 들이고 내 사유를 글로 정리한다면 흔들리지 않는 단단한 내면을 가질 수 있다. 그리고 그 글은 메시지를 갖게 되며, 글을 읽는 사람들의 마음에 전달된다. 자신의 평소 가치관에 대해 글을 쓰면서, 인생에서 가져야 할 태도와 행동에 대해 생각하는 시간을 가졌으면 한다.

〈라이팅 액션〉

11일 차 -나의 가치관에 대해 글쓰기

1. 자신이 평소 생각하는 단어를 떠올린다(ex. 돈, 행복, 건강).
2. 단어에 대해 사람들이 가지고 있는 보편적인 생각 한 문장을 만든다.
3. 한 문장에 대해 자신이 평소 가지고 있는 생각을 써 내려간다.

11일 차 - 나의 가치관에 대해 글쓰기

3단계

다양한 방법으로 글쓰기

12일 차

에피소드 쓰기 I – 대화체

글을 쓸 때 떠오르는 대로 써 내려가는 타입인가, 아니면 어느 정도 쓸 글의 주제와 개요를 잡고 쓰는가. 답은 없다. 자신이 편하게 느끼는 대로 글을 쓰면 된다. 계속해서 글을 쓰다 보면 자신에게 맞는 방식이 어떤 건지 알게 되고, 글을 쓰는 시간이 점점 단축된다는 것을 느낄 수 있다. 그래서 꾸준히 쓰는 게 중요하다.

내가 처음 책을 쓰려고 했을 때, 나의 마음을 가로막았던 것은 내가 쓰려고 하는 분야에 관한 책들이 이미 너무 많이 나왔다는 점이다. 그래서 굳이 나까지 같은 주제로 써야 하나라는 생각이 들었다. 하지만 세상에 나와 있는 콘텐츠들을 보면, 특별히 새로운 소재는 없음을 알 수 있다. 같은 장소에 있더라도 각자가 하는 경험이 다르고 생각이 다르다. 같은 소재여도 풀어가는 방식에 따라 다르기에 어떤 글이든 가치가 있다는 사실을 첫 책을 쓰면서 느꼈다. 글을 쓸 때 이 한마디만 기억하면 된다.

"다른 사람이 한 경험과 내가 한 경험은 다르다."

쓰려고 하는 주제나 소재가 있을 때, 그에 관한 내 경험을 떠올려야 한다. 경험은 내가 직접 겪은 일일 수도 있고, 다른 사람에게 들은 것일 수도 있다. 내가 직접 겪은 경험이 제일 좋지만 우리는 어떤 것이든 에피소드로 활용할 수 있다.

삶의 대부분은 누군가와의 대화로 이루어졌다고 해도 과언이 아니다. 학교에선 친구들이나 선생님과 대화를 하고, 직장에선 상사나 동료들 또는 고객들과, 집에선 가족들과 대화를 한다. 대화 속에서 기분이 좋아지기도 하고 나빠지기도 한다. 나를 행복하게 하는 것, 그리고 나에게 깨달음을 주는 사람은 먼 곳이 아닌 나와 가장 가까운 곳에 있다.

최근에 나누었던 대화를 떠올려 보자. 기분이 좋았다면 왜 좋았는지, 나빴다면 왜 나빴는지, 대화 속에서 느낀 점이 있다면 대화를 떠올리고, 그 에피소드에 관해 글을 쓰려 한다. 내가 직접 나누었던 대화도 좋지만, 누군가 하는 대화를 들었다면 그걸 써도 된다.

글의 시작은 나누었던 대화를 따옴표를 써서 그대로 적는 것이다. 상대방과 오고 갔던 대화를 세 줄에서 여섯 줄 정도 적고 그 뒤에 글을 이어가면 된다. 자신의 경험을 쓰고 싶은데 처음에 어떻게 시작해야 할지 모를 때 쓰면 좋은 방법이다. 대화체로 쓰면 글이 생생하게 느껴진다.

예를 들어, 등산이라는 소재로 글을 쓰려고 할 때 등산에 가서 만났던 사람들과 나눴던 대화를 적을 수도 있고, 함께 간 사람과의 대화를 쓸 수 있다.

예) "언니, 오늘 뭐 해?"
"아무 계획 없는데?"
"그럼 우리 등산이나 갈까?"
그렇게 해서 우리는 아주 가벼운 차림으로 등산을 가게 됐다.

이렇게 글의 첫머리를 시작하는 것이다. 대화를 그대로 옮기면 되기 때문에 글쓰기에 대한 부담을 줄일 수 있다. 자, 그러면 경험을 떠올리고 오늘의 미션을 완수해 보도록 하자.

〈라이팅 액션〉

12일 차 –에피소드 쓰기 Ⅰ (대화체)

1. 일주일 사이 만났던 사람이나 누군가와 나누었던 대화를 떠올린다.
2. 대화를 생생하게 글로 적어 내려간다.
3. 마지막에는 대화를 통해 느꼈던 부분을 적는다.

12일 차 – 에피소드 쓰기 Ⅰ (대화체)

13일 차

에피소드 쓰기 Ⅱ – 상황을 그리면서 설명하기

자신의 경험을 대화체로 생생하게 써 보는 연습을 했다. 경험을 쓰는 방법 중 대화체를 쓰지 않고 대화체를 설명으로 바꾸어 상황을 쓰는 방법도 있다. 예컨대 12일 차에서 예로 들었던 '등산'을 소재로 글을 쓸 때, 앞에서는 대화체로 시작했다. 이번에는 대화체를 설명으로 바꿔서 써 보는 것이다.

예) 주말 아침, 무엇을 할까 고민하고 있는데 친구에게서 전화가 왔다. 별일 없으면 등산을 하러 가자고 했다. 난 바로 가겠다고 하고, 가벼운 차림으로 친구를 만나서 산에 올랐다. 많은 사람이 걷고 있었다. 겨우내 잠들어 있던 나무들의 잎사귀가 초록색으로 변하는 것이 보이고, 꽃도 조금씩 피어오르고 있었다. 어떤 사람이 우리에게 잘 걷는다며 칭찬을 해 주었다.

어제 썼던 대화체의 에피소드를 설명으로 풀어서 쓰는 것도 좋고, 새로운 에피소드를 써도 좋다. 오늘도 하루 10분을 내서 A4 용지 반 정도의 분량을 채워 보도록 하자. 결국, 우리가 글로 쓸 것은 내가 한 경험에 대한 이야기다. 나에게 있었던 일을 그냥 넘기지 않고 계속 글로 남기는 습관을 기른다면 삶의 모든 영역이 콘텐츠가 된다. 살아가는 지금, 이 순간이 의미가 생기고, 허투루 보내는 시간은 단 일 초도 없다는 것을 알게 된다.

〈라이팅 액션〉

13일 차 – 에피소드 쓰기 II (상황을 그리면서 설명하기)

1. 일주일 사이 있었던 특별한 사건이나 경험을 떠올려 본다.
2. 그 상황을 그리면서 설명하듯 글을 써 내려간다.
3. 마지막엔 상황 속에서 느낀 점과 생각을 적는다.

13일 차 – 에피소드 쓰기 II (상황을 그리면서 설명하기)

14일 차

드라마나 영화를 활용하여 글쓰기

방송 작가로 일을 할 때였다. 난 예능 구성 작가였기 때문에 예능 프로그램을 많이 챙겨봐야 했는데, 단순히 재미로 볼 수 없었다. 프로그램을 보면서 구성을 보고, 출연자들의 입에서 나오는 말과 자막을 체크하면서 분석했다. 재미있는 것도 일이 되면 더 이상 재미를 느낄 수 없게 된다. TV를 보면 피곤했다. 나도 모르게 뇌가 자꾸 일과 관련된 시선으로 작동하고 있었기 때문이다. 그리고 난 방송 작가를 그만두었다. 내가 TV 보는 것을 그다지 좋아하지 않는다는 것을 알았기 때문이다. 그만둔 후 나는 한동안 예능 프로그램은 보지 않았다.

하지만 난 드라마와 영화는 꾸준히 챙겨 보았다. 우리가 드라마나 영화를 보는 이유가 무엇일까. 이야기가 있기 때문이다. 이야기는 몰입을 가능하게 만든다. 몰입할 때 우리는 쾌감을 느낄 수 있다. 드라마와 영화는 대부분 허구의 이야기지만 (때론 실제 있는 이야기를 바탕으로 만든 것도 있다) 보편적으로 우리가 느낄 수 있는 삶의 정서를 담고 있다. 물론 '재미'라는 부분이 가장 많은 비중을 차지할 것이다. 뭐든지 재미가 있으면 보게 되고, 재미가 없으면 안 보게 되니까.

드라마나 영화를 보다가 정지를 누르고 싶은 순간을 경험한 적이 있는가. 내 상황에 딱 들어맞는 말이나 상황에 공감이 되어 마음을 움직였기 때문이리라. 드라마와 영화를 보다 보면 나는 그런 순간을 많이 겪는다. 그럴 땐 난 바로 휴대폰을 손에 들고 들리는 대로 메모를 해나간다. 자막이 나오는 외화를 볼 때는 사진을 찍어 두고 나중에 노트에 정리한다. 나에겐 언제든 감동이 있었던 드라마나 영화의 대사를 볼 수 있는 노트가 점점 많아지고 있다.

드라마나 영화는 극적인 '사건'이 주가 되고, 사건이 우리의 예상을 뛰어넘을 때 시청자들의 눈과 귀를 사로잡을 수 있다. 때로는 작가가 쓴 대사가 기가 막히게 좋아서 우리의 마음을 울릴 때도 있다. 그러한 장면과 대사는 우리가 글을 쓸 때 좋은 소스가 된다. 드라마나 영화에 나온 대사를 인용하거나, 상황을 요약하면서 내 삶과 연관지어 글을 써나갈 수 있다. 처음부터 개인적인 이야기를 쓰는 것보다 보편성을 획득하기에 좋다.

글을 쓰기 위해 봤던 영화나 드라마를 생각하려면 생각나지 않을 수 있으니 평소에 시청하다가 메모를 해 두는 습관을 들이면 좋다. 처음에 글을 쓰려고 할 때 뭘 써야 할지 몰라 막막함을 느낀 경험은 누구나 있다. 그때는 영화나 드라마에서 봤던 장면의 대사를 활용하여 시작해 보자. 먼저 시작을 하면 그에 관련된 나의 경험, 생각들이 꼬리를 물면서 떠오를 것이다. 뭐든 물꼬를 트는 것이 중요하기에.

같은 드라마나 영화를 보더라도 보는 사람에 따라 느끼는 부분은 다르다. 그 느낌을 담은 자신만의 글을 쓰면서 생각의 폭이 확장되기도 한다. 그동안 재미로만 보고 흘렸던 TV 프로그램이 이렇게 글의 재료가 될 수가 있다는 사실이다. 이제부턴 TV 프로그램도 그냥 재미로만 보게 되진 않을 것이다.

〈라이팅 액션〉

14일 차 – 드라마나 영화를 활용하여 글쓰기

1. 최근에 봤던 영화나 드라마에서 인상 깊었던 장면을 떠올린다.
2. 기억에 남는 대사가 있다면, 대사를 쓴다.
3. 장면이나 대사와 함께, 나의 경험이나 깨달음을 글로 쓴다.

14일 차 – 드라마나 영화를 활용하여 글쓰기

15일 차

좋은 글이나 명언을 이용하여 쓰기

깨달음을 주는 말을 들을 때, 우리는 '뼈 때리는 말'이라는 표현을 쓰곤 한다. 우리는 긴말보다는 임팩트 있는 짧은 말에서 자극을 받을 때가 많다. 짧은 글에 함축적인 인생의 진리가 담겨 있기 때문이다. 가끔 힘이나 위로가 필요할 때 명언이나 좋은 글을 보면 마음이 평안해진다. 말과 글에는 사람을 살리는 힘이 있다.

지난해부터 난 '명언 프로젝트'를 시작했다. 하루에 하나씩 좋은 명언을 나의 SNS 계정에 올린다. 명언만 올리는 것이 아니라 그에 대한 내 생각이 담긴 글도 함께 써서 올리고 있다. 무엇보다 좋은 글을 매일 보고 생각할 수 있어 좋고, 꾸준함을 유지할 수 있어 좋다. 꾸준하게 쌓는 습관은 성취감을 느끼게 하고 자존감을 높인다. 그렇게 내 생각과 삶이 바뀐다.

명언은 대부분 유명한 사람들, 자신의 분야에서 뭔가를 이룬 사람들이 한 짧은 말이다. 거기엔 대부분 자신만의 철학이 담겨 있다. 내가 나의 철학이 담긴 글을 쓸 때, 이렇게 우리가 다 알 만한 사람의 명언을 곁들여 쓰면 그 생각에 더 신빙성이 생기게 마련이다. 그러니 글을 쓸 때 좋은 글이나 명언을 활용하면 더 풍부한 글이 된다.

만약 글을 쓰고 싶은 키워드가 있다면 관련된 명언을 찾아본다.

예를 들어 행복이나 건강, 성공 같은 키워드를 생각하고 그에 관련된 명언을 찾는 것이다. 평소 좋아하는 명언이 있다면 키워드에 상관없이 먼저 쓰고, 그에 관한 이야기를 써도 된다.

예) "사람들은 내가 입는 방식을 비웃었지만, 그것은 나의 성공 비밀이었다. 그것은 나를 다른 사람과 달라 보이게 했다."

가브리엘 코코 샤넬(1883-171)의 말처럼, '나를 다른 사람과 달라 보이게 하는 무엇'은 굉장히 중요하다. 그리고 그것이 차별화된 삶을 사는 가치가 된다.

위의 글을 보면 키워드가 보일 것이다. 차별화라는 키워드로 가브리엘 코코 샤넬의 명언을 인용하여 쓴 글이다. 이 글의 뒤에는 아마 나의 경험이나 생각이 이어질 것이다. 명언을 활용하여 쓸 때 글이 술술 풀리는 경험도 한다.

오늘은 다른 사람이 한 명언을 가지고 내 생각과 경험을 써 내려가는 글쓰기를 해 보자. 평소 아무 감흥을 주지 않았던 명언도 언제, 어떤 상태에서 만나느냐에 따라 강력한 힘을 준다. 당연하고 뻔한 내용이라고 생각했던 명언이 나의 가슴에 꽂히는 경험을 할 수도 있다. 그리고 그 좋은 말들이 마음에 차곡차곡 쌓여 좋은 가치관과 행동으로 삶을 꾸려나갈 수 있다.

〈라이팅 액션〉

15일 차 – 좋은 글이나 명언을 이용하여 쓰기

1. 마음에 드는 명언을 찾는다.
2. 명언을 문장으로 처음에 쓴다.
3. 명언과 관련된 경험이나 생각을 써 내려간다.

15일 차 – 좋은 글이나 명언을 이용하여 쓰기

16일 차

신문 기사나 뉴스를 가지고 글쓰기

나에 대한 글을 쓰는 건, 나와 끊임없이 대화하면서 나를 이해하는 일이다. 글을 쓰면서 내가 미처 몰랐던 나의 일부분도 알게 되고, 내면도 점차 단단해진다. 나를 알고 이해했다면 이제 세상을 만나야 한다. 어쩌면 글을 쓴다는 건 나와 세상을 연결하는 일이기도 하다. 나에 대한 글을 쓰다가 어느 순간 시야를 넓혀가고 있는 자신을 발견할 것이다. 글을 쓰다 보면 세상에 관심이 생기기 때문이다.

세상이 어떻게 돌아가고 있는지 우리는 신문이나 뉴스에서 소식을 접할 수 있다. 뉴스에서 보도되는 일들은 '사건'이 중심이기에 좋은 일들보다는 안타까운 일들이 주가 되기도 하지만, 우리는 이러한 사회 현상이나 이슈의 자료를 가지고 좀 더 객관적인 글을 쓸 수 있다. 내 생각만으로 내 글을 읽는 독자를 설득하고 객관화하기에는 한계가 있기 때문이다. 그래서 오늘은 사회 현상이나 이슈에 관한 자료나 수치를 가지고 글을 써 볼 것이다.

먼저, 우리가 해야 할 일은 최근에 일어났던 기사를 찾는 것이다. 아니면 요즘 중점적으로 다뤄지고 있는 이슈에 대해 생각을 한번 해보자. 아니면 요즘 내가 관심 있는 분야에 대한 키워드를 가지고 기사를 찾아도 좋다. 기사를 찾았다면, 쭉 읽어본다. 그리고 기사 내

용을 짧게 요약해 본다. (이 훈련으로 인해 글을 짧게 요약하는 능력을 함께 기를 수 있다)

예를 들어 '코로나'에 관한 글을 쓰려고 한다. 건강이라는 부분을 생각하다가 '코로나 후유증'을 다룬 기사를 찾아보았다. 코로나에 걸리면 어떤 증상이 나타나는지 정확하게 알고 있으면 경각심을 가질 수 있을 것 같아서다.

예) 국립보건연구원과 국립중앙의료원이 공동 연구 중인 '코로나19 임상적 후유증'에서 코로나19 회복 후 3개월이 지난 시점에는 탈모와 운동 시 숨이 차는 증상이 많이 나타난다고 밝혔다. 6개월이 지난 시점에는 피로감이 상대적으로 높게 나타나는 경향을 보인다고 하고, 일부 환자에서는 폐 기능 저하가 나타난다고 한다.

코로나 확진자들은 완치 후에도 다양한 증상을 보이고, 심각한 탈모 후유증을 겪고 있는 사람도 있다고 한다. 직접 이런 사례들을 보니 더욱 조심해야겠다는 생각이 든다. 이미 걸린 후에 후회해도 아무 소용이 없으니 예방하기 위해 더욱 조심하는 자세가 필요하다.

이런 식으로 기사를 요약하고 자신의 경험과 생각을 적어 나간다. 신문 기사에 수치화되어 있는 정보가 있다면 함께 곁들여줘도 좋다. 더 객관성 있는 자료가 되기 때문이다. 하지만 아니어도 괜찮다. 중요한 건 사회 현상에 관한 내 생각을 정립하고, 그것을 글로 써나가는 일이기에.

〈라이팅 액션〉

16일 차 – 신문 기사나 뉴스를 가지고 글쓰기

1. 자신의 눈을 사로잡은 뉴스나 신문 기사를 떠올린다.
2. 관련된 자료가 있다면 찾아보고, 짧게 요약한다.
3. 그 이슈에 관한 자신의 경험이나 생각을 쓴다.

16일 차 – 신문 기사나 뉴스를 가지고 글쓰기

4단계

한 단계 더 나아가기

17일 차

자랑스러웠던 나의 과거

과거의 일을 떠올릴 때 어떤 것이 제일 먼저 생각나는가? 나를 아프게 했던 과거, 그 아픔을 딛고 일어났던 날들, 아니면 정말 행복했던 순간까지… 많은 일이 있었을 테다. 떠오르는 대부분의 일은 예상치 못했던 순간이 아니었을까? 평범하고 무난했던 일은 큰 자극이 없기에 잘 떠오르지 않는다. 되도록 후회할 일을 만들지 않고 살면 좋겠지만, 우리는 '이불킥'하게 되는 순간들을 통해 자극을 받기도 하고, 성장을 하기도 한다.

힘든 일을 겪지 않으면 좋겠지만, 대부분 힘들었던 일을 통해서 내면이 단단해지고 성장하는 건 부인할 수 없다. 당시에는 몸부림치면서 어떻게든 벗어나고 싶었던 일도 시간이 지나면 자연스럽게 정리가 되고, 나중에 그 일이 왜 나에게 일어났는지 이해하게 되기도 한다. '꽃길만 걸었으면 좋겠다.'라는 말처럼 좋은 것만 보고, 좋은 일만 일어나면 좋겠지만 그럴 수 없는 게 바로 인생이란 것도 안다.

현재는 과거가 만들어 낸 결과다. 과거가 있었기에 지금이 있는 것이고, 과거의 경험에 따라 자연스럽게 흘러온 현재를 살고 있을 것이다. 주제는 '자랑스러웠던 자신의 과거'라고 써 놓고, 지금까지 힘들었던 과거에 대한 이야기를 한 이유는 바로 '성장'에 대한 이야기를 하고 싶어서다. 떠올리면 후회가 되기도 하고, 고통스러운 과거이지만, 그로 인해 우리는 성장을 이루어냈고 그 과거를 자랑스러워하기에 충분하다.

자랑스러웠던 자신의 과거는 쉽게 이루어지지 않았을 것이다. 분명 힘들었던 과정을 어렵게 이겨냈을 것이다. 고통을 다 감내한 후에야 자신이 대견하게 느껴졌을 테다. 그 기억을 떠올려 보자. 물론 고통이나 역경 없이 처음부터 잘해서 자랑스러웠던 기억도 있을 수 있다. 그 기억도 괜찮다.

자랑스러웠던 과거는 성공의 경험이라고도 할 수 있다. 우리가 살면서 작은 성공을 늘려가다 보면 나도 모르게 계속해서 성공하는 나, 자랑스러운 내가 되어 있다는 것을 알게 된다. 과거의 일들을 떠올리면서 현재가 그냥 주어지는 것은 아니라는 사실도 알게 된다. 그리고 현재가 미래를 바꿀 수 있다는 사실도….

나의 자랑스러운 과거를 떠올리다 보면 나를 좀 더 이해하고 인정할 수 있게 되고, 응원하는 삶을 된다. 그 경험으로 인해 무엇과도 바꿀 수 없는 자신만의 '킬링 아이템'을 찾을 수도 있다. 그러니 꾸준히 자신의 자랑스러운 경험을 드러내고, 글로 쓰도록 하자. 계속해서 자신을 자랑스러워하는 인생을 살았으면 좋겠다. 결국 끝까지 나를 데리고 살 사람은 '나'이니 말이다.

<라이팅 액션>

17일 차 – 자랑스러웠던 나의 과거

1. 자신의 과거 중에서 내가 자랑스럽게 여겼던 일을 떠올려 본다
(ex. 목표를 이뤄냈던 일, 누군가를 도와줬던 일, 힘들었던 과정을 이겨냈던 일).
2. 앞에서 했던 설명하기 or 대화체를 활용해서 글을 써 본다.
3. 마지막엔 나에게 칭찬하는 글을 쓴다.

17일 차 – 자랑스러웠던 나의 과거

3장

•

21일 만에 완성하는 글쓰기 전략

18일 차

현재 나의 관심사

중학교 2학년 때, 담임 선생님께서 어느 날 종이를 나눠 주시더니 현재 자신의 고민이 무엇인지 체크해서 내라고 하셨다. 종이엔 진로, 공부, 인간관계 등 항목이 쓰여 있던 것으로 기억한다. 그때 난 인간관계란에 표시했고, 나중에 인간관계에 표시한 사람은 나밖에 없다는 것을 알게 되었다. 다들 진로나 공부가 고민이었다.

당시 나는 싫어하는 친구로 인해 계속 신경을 쓰고 있던 상태였다. 같은 아파트에 살면서 학교를 같이 다니고 과외까지 같이 하던 친구가 있었다. 그런데 정말 이상하리만큼 그 친구에게 마음을 열지 못했다. 그 친구가 그냥 얄미웠고 싫었던 기억이 있다. 좋아하는 게 있다면 그것으로 마음이 꽉 차지만, 싫어하는 것으로도 꽉 차곤 한다. 좋아하는 걸 떠올리면 마음이 좋지만, 싫어하는 건 사람을 힘들게 만든다.

지금 생각하면 아무것도 아닌 일에 왜 그리 신경을 썼을까 생각하곤 한다. 하지만 그것 또한 겪어야 하고 이겨내야 하는 과정이었다고 생각한다. 내가 신경 쓰는 문제들을 통해 나를 더 알게 되었기 때문이다. 고민하는 문제가 사람마다 다 같아질 이유는 없다는 것도 말이다.

생각해 보면 중·고등학교 때와 대학생 때의 관심 있었던 대상이 다르다는 것을 알 수 있다. 또, 현재의 환경과 상황, 나이에 따라 관심 분야가 달라진다.

앞에서 나의 '고민'에 대한 부분을 예로 들었지만, 고민하는 부분을 조금만 더 다르게 본다면 관심 분야가 된다. 고민이 된다는 건 신경을 쓰고 있다는 말이고, 신경을 쓰는 건 내가 관심이 가기 때문이 아닐까. 애초부터 관심이 없다면 무시하면 되니까 말이다.

현재 나의 관심 분야가 뭐냐고 묻는다면 바로 '돈'이다. 예전에는 돈의 필요성은 알았지만 크게 관심을 두지는 않았다. 그런데 최근에 이사를 해야 하는 상황이 발생하면서 현실적으로 보게 됐다. 그러면서 생각을 하게 됐다. '왜 난 어렸을 때부터 돈에 관심이 없었는가?' 돈도 공부가 필요함을 깨닫고 공부하기로 마음먹었다. 돈에 끌려가는 인생이 아닌, 돈을 지배하는 인생을 살기 위해 말이다.

생각해 보면 작년까지만 해도 나의 주된 관심사는 뮤지컬이었고, 그전까지는 여행이었다. 경험에 따라, 나이에 따라, 상황에 따라 관심사는 달라진다. 관심이 생겼을 때는 '과거에는 왜 안 했을까' 후회하기보다 지금부터 시작이라며 지금 당장 할 수 있는 일을 찾아서 하는 편이다.

오늘은 현재 나의 관심 분야에 대해 생각해 보고, 글을 써 보는 시간을 가졌으면 한다. 키워드를 떠올려도 괜찮고, 문장으로 떠올려도 좋다. 어떤 일이든 관심을 두게 된 계기가 있을 것이다. 그 계기에 관해서도 쓰고, 관심 있는 것들을 하기 위해 무엇을 하고 있는지 한번 써 보자. 현재 자신이 서 있는 위치, 나아가고자 하는 방향에 대해 다시 한번 정리할 수 있는 시간이 될 것이다.

〈라이팅 액션〉

18일 차 – 현재 나의 관심사

1. 현재 마음속에 가장 크게 자리 잡고 있는 관심사를 떠올린다.
2. 관심 두게 된 계기에 대해 쓴다.
3. 관심사를 위해 어떤 행동을 하고 있는지 함께 적는다.

18일 차 – 현재 나의 관심사

19일 차

내가 꿈꾸는 이상적인 삶

'메타인지'라는 말이 있다. 자신에 대해서 인지를 하고, 자신의 사고 능력을 바라보는 눈이라고 한다. 자신이 무엇을 알고 모르는지 인지하는 것, 모르는 부분을 보완하기 위한 계획을 세우고 실행하는 과정, 평가에 이르기까지 전반적인 것을 의미한다.

메타인지 능력이 뛰어난 사람은 자신이 어떻게 사고를 하고 행동을 하는지 이해하고, 평가하는 것이 가능하다. 그렇기에 어떤 것을 배우거나, 일을 수행하는 과정에서 구체적으로 어떤 능력과 활동이 필요한지 안다. 그 능력과 활동을 바탕으로 한 과정을 그리며 효과적인 전략을 선택하여 사용할 수 있는 힘이 있다.

우리는 미래에 대한 꿈을 꾸며 살아간다. 꿈이 있기에 '희망'을 가지고 살 수 있다. 그런데 막연한 꿈만으로 있다면? 꿈꾸는 미래가 현실이 되면 좋을 것이다. 메타인지적 사고를 통해 꿈을 꾸고, 설계한다면 꿈꾸는 삶을 빨리 현재로 끌어당길 수 있다. 꿈꾸는 이상적인 삶에 대한 구체적인 계획이 동반되기 때문이다. 그리고 그 과정을 자신이 컨트롤할 수 있다.

자신의 이상적인 삶을 그리면서 사는 사람과 현재 해야 할 일에 급급해서 사는 사람의 삶은 달라질 수밖에 없다. 지금 당장은 아니더라도 몇 년 뒤에 확연한 차이를 보인다.

그동안 현재, 과거에 대한 성찰을 했으니 오늘은 미래에 꿈꾸는 이상적인 삶에 대해 써 보도록 하자. 이상적으로 생각하는 삶의 하루 루틴을 그려봐도 좋다. 아니면 어떤 한 컷의 이미지여도 괜찮다. 한 컷의 이미지에는 많은 것들이 담겨 있다. 이미지의 구석구석을 따라가며 구체적인 글로 풀어 보자.

〈라이팅 액션〉

19일 차 – 내가 꿈꾸는 이상적인 삶

1. 미래에 내가 꿈꾸는 삶을 생각해 본다(크고 허황될수록 좋다).
2. 이상적으로 살고 있는 일과나, 특정한 일을 글로 써 본다.
3. 그 삶을 살기 위해 오늘 내가 해야 할 행동을 적어본다.

19일 차 – 내가 꿈꾸는 이상적인 삶

20일 차

내 생애 가장 기억에 남는 여행

'여행'이란 말은 듣기만 해도 설렌다. 사실 여행을 하면서도 좋은 감정을 느끼지만, 여행을 준비하면서 더 설레지 않을까 한다. 여행 후, 현실로 돌아와서는 추억을 꺼내 보면서 웃음 지을 수 있다. 시간이 지나면서 우린 또 그 추억을 그리며 산다.

여행이라고 해서 거창한 것만은 아니다. 가까운 공원에 간 것도 여행이고, 다른 지역을 걸어 다닌 도보 여행, 마음먹고 멀리 다녀온 해외여행 모두를 말한다. 혼자 갈 수도, 누군가와 함께 갈 수도 있다. 같은 일상에서 벗어나 다른 공기를 마시고 온 자체로 우리는 자유를 받는다. 그리고 팍팍한 일상에서 잠시 눈을 감고, 그때의 추억을 꺼내 보면서 다시 힘을 얻기도 한다.

몇 년 전, 나는 엄마와 함께 남미 여행을 다녀왔다. 엄마와 단둘이 가는 여행이 처음이었는데, 그것도 멀고 험하다는 남미로 갔다. 엄마는 그때 매일 일기를 쓰셨고, 가는 곳마다 메모하셨다. 그리고 몇 년이 지난 지금 그 노트를 꺼내보면서 일주일에 하나씩 글을 쓰시더니 책을 완성하셨다. 그때그때 메모한 것들이 힘을 발휘하여, 한 권의 책으로 탄생한 것이다.

사실, 우리가 일상에서 벗어나 생각하고 사유하면서 글을 쓸 수 있는 시간이 '여행지'에서가 아닐까 한다. 일상에서 우리의 삶은 너무 바쁘다. 하지만 여행지에서는 일상의 일들을 모두 내려놓고 그때그때의 감성에 충실하면서, 글로 표현할 수 있는 시간이 많다. 무엇보다 천천히 느긋하게 다니다 보면 글을 남기고 싶은 순간을 마주하게 되는 때가 많다. 그리고 사진으로 담지 못하는 그 날만의 에피소드는 글로 표현하면 좋다. 여행 당시 좋았던 경험들도 기억이 나지만, 신기하게도 유독 힘들었던 경험이 시간이 지나면서 더 큰 추억으로 자리 잡는다. 그리고 글의 좋은 소재가 된다.

오늘은 지난 시절의 여행을 떠올려 보자. 그리고 가장 기억에 남았던 여행 에피소드를 글로 써보자. 여행할 때 썼던 메모를 들춰봐도 좋고, 써 놓은 게 없다면 사진을 찾아봐도 좋다. 눈을 감고 이미지를 떠올려 봐도 좋다. 글을 쓰면서 우리는 또 여행을 하는 것이다.

그동안의 글쓰기 근육이 단련되어 이젠 한 편의 에세이를 쓸 수 있을 것이다. 여행 에세이인 만큼 그날의 일들을 떠올리며 지금까지 써 왔던 다양한 글쓰기 기법을 활용하여 더 풍부하게 쓸 수 있다. 여행을 갔을 때 있었던 특별한 에피소드, 만났던 사람, 감동을 했던 일이 있다면 꺼내놓고 자유롭게 써 보도록 하자.

〈라이팅 액션〉

20일 차 – 내 생애 가장 기억에 남는 여행

1. 가장 기억에 남는 여행지를 떠올린다.
2. 여행지에서 있었던 에피소드 하나를 선정한다.
3. 그때 있었던 사건, 그로 인한 느낌이나 깨달음을 글로 쓴다.

20일 차 – 내 생애 가장 기억에 남는 여행

21일 차

한 편의 에세이 완성하기

'첫 단추를 잘 끼워야 한다.'는 말을 들어봤을 것이다. 시작의 중중요성을 강조하는 말이다. 종종 사회생활에 대한 조언을 할 때 시작이 좋아야 끝도 좋다고 말하곤 한다. 나는 첫 사회생활을 방송국에서 시작했다. 막내 작가로 시작했는데, 글을 쓴다기보다 자료조사를 하고 섭외하는 일이 대부분이었다. 점차 경력이 쌓이고, 대본을 쓸 수 있게 됐는데 글을 쓰면서도 즐겁지가 않았다. 오히려 두려웠다. 내 대본이 누군가의 입에서 나오는 순간 눈치를 살피게 되었다. 글에 대한 반응이 좋은지, 나쁜지에 대해 말이다. 그래서 글 쓰는 일에 자유롭지 못했다.

내가 본격적으로 글에 자유로워진 건 첫 책『자존감 있는 글쓰기』(레몬북스)를 쓰면서였다. 처음에는 '내가 무슨 글쓰기 책을 써!'라고 생각했지만, 본격적으로 집필하기로 결심하고 나의 이야기를 쓰면서 글쓰기가 좋아졌다고 할 수 있다. 사실 그전까지만 해도 글 쓰는 것을 좋아한다는 사람들을 보면 이해가 가지 않았다. 글 쓰는 건 내가 좋아서 하는 일이 아니라, 내가 그나마 잘할 수 있는 일이어서였고 편하게 할 수 있어서였다. 생각해 보았다. 내가 왜 그동안 글을 쓰는 일에 자유를 느끼지 못했는지…. 글에 정답은 없는데, 계속 정답을 찾았기 때문이고 쓴 글을 평가받는 것을 두려워했기 때문이다.

그런 마음을 다 내려놓고 온전히 내 것에 집중하기 시작했고, 사람들에게 좋게 평가받으려는 욕심을 내려놓고 있는 그대로의 나를 글로 보여주자 결심했다. 그렇게 나의 이야기를 담다 보니 이내 글쓰기가 좋아졌고, 이제는 매일 글을 쓰는 일이 습관이 되었다. 그리고 이 습관 덕분에 매년 난 적어도 한 권의 책을 쓰고 출간을 한다.

글을 쓰면서 내가 보고, 듣고, 경험한 모든 것들이 글의 소재가 된다는 것을 깨달았다. 예전에 힘든 일이 왔을 때 거기에 빠져서 허우적댔는데, 글을 쓰기 시작하면서 담담히 받아들이는 용기가 생겼다. 그리고 분명 나중에 어떤 일이든 좋게 해결될 거라는 믿음이 있다. 그러면 나는 그 과정을 또 글로 남길 것이다. 누군가는 내 글을 보면서 용기와 위안을 얻을 수도 있다. 모든 사람한테 사랑받고 인정받을 필요는 없다. 나의 이야기에 한 명의 사람만 공감해 줘도 된다고 생각하면서 난 자유롭게 글을 쓴다.

20일 동안 우리는 하루 10분이라는 시간을 들였고, 짧은 글쓰기를 통해 글쓰기 근육이 만들어졌음을 확신한다. 그동안에 생긴 글쓰기 근육을 바탕으로 오늘은 지금까지의 하루하루를 돌아보며, 잘해온 당신에게 칭찬을 해줬으면 한다.

그동안 썼던 글 중에 가장 마음에 드는 하나의 꼭지를 선정해서 마무리를 한번 해 보도록 하자. 선택한 글에 제목을 붙이고, 글을 확장해서 A4용지 한 장을 완성해 보면 된다. 다 쓰고 나면 뿌듯함이 몰려올 것이다. 그리고 21일 동안 잘해 낸 자신에게 작은 선물을 해도 좋다.

21일 동안 만든 습관을 계속해서 유지해 나갔으면 한다. A4 용지 한 장, 아니 반 장도 좋다. 매일 꾸준히 쓰다 보면 어느새 책 한 권을 쓰고 있는 자신을 만날 수 있다. 그리고 무엇보다 글쓰기로 하루하루가 행복하고 충만한 삶을 살고 있을 것이다.

<라이팅 액션>

21일 차 – 한 편의 에세이 완성하기

그동안 썼던 글 중에서 마음에 드는 하나를 선택한다.

2. 글의 제목을 지어본다.
3. 서론, 본론, 결론의 형식을 생각하며 글에 살을 붙여 나간다.
4. A4 용지 한 장의 에세이를 완성한다.

21일 차 – 한 편의 에세이 완성하기

3장

•

21일 만에 완성하는 글쓰기 전략

〈 한눈에 보는 21일 만에 완성하는 글쓰기 전략 〉

날짜	제목
1일 차	나의 다짐 쓰기
2일 차	좋아하는 것 10가지 작성하기
3일 차	행운 일기 쓰기
4일 차	하루 일과를 써 보기
5일 차	감정을 돌아보고 글쓰기
6일 차	자유롭게 글쓰기
7일 차	산책하면서 생각났던 일
8일 차	미래의 내가 지금의 나에게 하는 조언
9일 차	주변의 사물을 골라 묘사하기
10일 차	내가 있는 장소에 관해 설명하기
11일 차	나의 가치관에 대해 글쓰기
12일 차	에피소드 쓰기 I - 대화체
13일 차	에피소드 쓰기 II - 상황을 그리면서 설명하기
14일 차	드라마나 영화를 활용하여 글쓰기
15일 차	좋은 글이나 명언을 이용하여 쓰기
16일 차	신문 기사나 뉴스를 가지고 글쓰기
17일 차	자랑스러웠던 나의 과거
18일 차	현재 나의 관심사
19일 차	내가 꿈꾸는 이상적인 삶
20일 차	내 생애 가장 기억에 남는 여행
21일 차	한 편의 에세이 완성하기

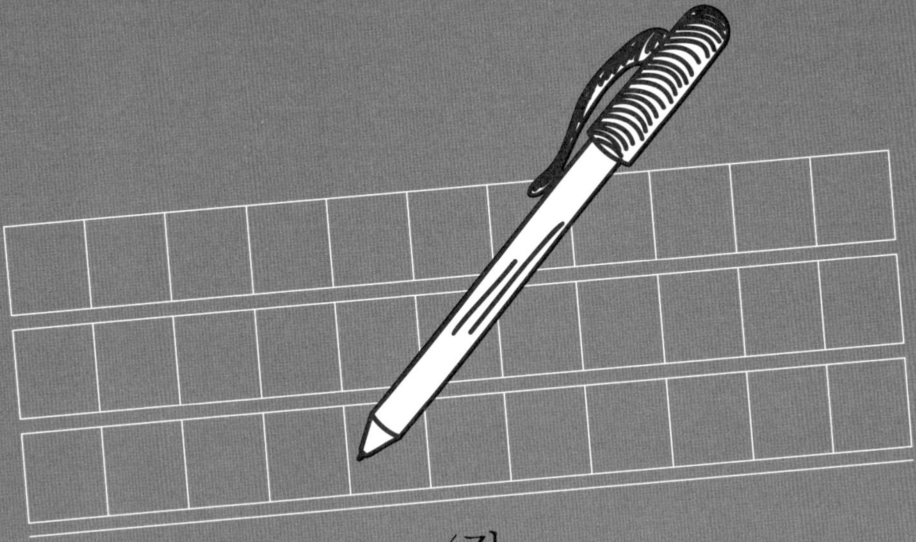

4장

완벽한 글이 되는 처방전

1

서론, 본론, 결론을 갖춘 에세이 쓰는 방법

우리가 쓰는 일상의 글을 '에세이'라고 한다. 에세이의 사전적 정의를 보면 1. 내 생각을 자유롭게 표현하는 것 2. 주제를 논하는 산문 양식이라고 나와 있다. 즉, 어떤 글이든 관통하는 것이 에세이가 아닐까 한다. 그렇다면 우리가 흔히 말하는 일기와 에세이의 차이점은 무엇일까? 일기가 나만 보는 글이라면, 에세이는 누군가에게 보여주는 글이라는 것이다.

먼저, 주제를 잡고 글을 써 내려가기 전에 자신의 글 쓰는 스타일을 한번 생각해 보자. 생각나는 대로 글을 써 내려가는지, 아니면 구조와 대략의 내용을 잡고 쓰는지 말이다. 글 쓰는 방식에 정답은 없지만, 그래도 어느 정도 구조를 잡고 쓰면 글을 좀 더 수월하게 쓸 수 있고, 일관성을 유지하면서 쓰기에는 도움이 될 것이다. 또한 가독성이 있는 글이 되어 읽는 사람도 편안하게 읽을 수 있다. 에세이뿐 아니라 어떤 글을 쓰든 서론, 본론, 결론의 형식을 유지하면서 쓰려고 한다면 더 쉽고 명확한 글을 쓸 수 있을 것이다.

만약 A4 용지 한 장에서 두 장의 에세이를 쓴다고 할 때 서론과 본론, 결론의 비율은 어느 정도가 좋을까? 우선 서론과 결론은 한 두 문단으로 정리해 주는 것이 좋다. 본론은 다섯 문단에서 열 문단 사이로 쓰기를 추천한다. 그렇다면 한 문단의 길이는? 다섯 줄에서 일곱 줄 정도로 한 문단이 너무 커지지 않게 하는 게 좋다. 더 긴 글을 써야 할 때에는 각 형식의 비율에 맞게 문단을 늘려 쓰면 된다.

서론 쓰기에 앞서 어떤 내용을 쓸 것인지 소재와 주제를 먼저 잡고 글을 쓰도록 하자. 주제와 소재가 생각나지 않는다면 최근에 있었던 일이나 만났던 사람을 떠올려 보자. 어떤 사건이 있었거나, 감정을 느꼈던 일이 있을 것이다. 그 이야기를 소재로 선택을 한다.

만약, 최근에 등산을 다녀왔다면 소재는 '등산'이 될 수 있다. 소재를 선택했으면 소재를 통해 어떤 메시지를 줄 수 있을지 생각한다. 그 메시지가 주제가 될 수 있다. 등산이라는 소재를 선택했을 때, 주제는 여러 가지가 나온다. 등산과 건강을 연결해 '건강한 삶을 살아야 한다.'를 주제로 삼을 수도 있고, 등산하면서 만났던 사람을 통해 '남의 인생에 참견하지 말자.'로 할 수도 있다.

주제를 정했다면, 첫 문장을 써야 하는데 첫 문장은 임팩트 있게 쓰기를 추천한다. 우리가 어떤 글이나 영상을 접했을 때 계속 볼지 말지 결정하는 것은 제목과 처음에 읽고 듣는 몇 줄의 문장이 아닌가! 그래서 첫 문장에서 시선을 사로잡아야 한다. 첫 문장은 너무 무겁지 않게, 앞으로 어떤 이야기가 나올지 궁금하게 만드는 정도로 시작하자.

본격적으로 사건을 보여주는 본문은 자유롭게 써 내려가면 된다. 있었던 일을 전달한다 생각하고 글을 쓰는데, 무엇보다 현장에 있었던 것처럼 생생하게 묘사하는 것이 중요하다. 이때 그림을 그리듯 쓰는 방법을 추천한다. 우리가 매일 매일 '라이팅 액션'으로 한 부분들을 떠올리면서 활용하면 보다 다채로운 글이 될 것이다.

글을 쓸 때, 채워야 하는 양을 생각하면서 부담을 느끼지 않았으면 한다. 지금은 그냥 한 문단만 완성하자고 생각하고 문단, 문단을 이어가다 보면 글쓰기는 한층 수월하게 다가온다. 본문을 구성할 때는 자신이 경험했던 에피소드와 생각을 교차로 넣으면서 써 보자. 에피소드를 썼다면 그다음 문단에는 내 생각이나 깨달음을 쓰고, 그다음에 또 에피소드를 쓰는 식이다. 글이 한층 부드러워지면서, 리듬을 타는 듯 훨씬 풍부한 글이 된다.

결론은 글 전체를 포괄하는 문장으로 종합적인 메시지를 써야 한다. 앞에서 많은 내용을 썼더라도 결론에서는 몇 문장으로 내용을 정리할 수 있어야 한다. 결론에서 글의 주제를 담고 있으면 좋은데, 주제는 명확하고 구체적으로 쓰도록 한다. 하나의 에세이엔 하나의 메시지가 담겨 있으면 좋은데 메시지는 제목으로도 연결될 수 있다. 즉, 명확한 결론이 난다면 제목 짓기가 훨씬 쉬워질 것이다.

에세이를 쓴다는 건 나의 의견에 공감해 달라고 상대방을 글로 설득하는 작업이라고도 말할 수 있다. 나의 경험과 생각을 통해 함께 느껴봤으면 하는 바람을 담아 쓰는 글이다. 그렇기에 내가 만족하는 글도 좋지만, 읽는 사람을 배려하면서 쓰는 것이 좋다. 위와 같은 방법으로 글 쓰는 훈련을 하다 보면 어떤 글도 막힘 없이, 독자로 공감을 부를 수 있는 글을 쓸 수 있으리라 확신한다.

2

첫 문장 쓰기가 어렵다고요?

글을 쓰겠다고 시작했는데, 첫 문장부터 막혔던 경험은 누구나 있을 것이다. 첫 문장을 잘 써야겠다는 부담이 있어서다. 우리는 '처음'이라는 단어가 주는 풋풋하지만 막강한 힘을 알고 있다. 그래서 더 힘을 주고 싶은 것이 아닐까. 힘과 부담을 빼고 처음엔 가볍게 시작하자.

'21일 만에 완성하는 글쓰기 프로그램' 중에 3단계에 해당하는 다양한 방법으로 글쓰기의 부분들을 활용해서 첫 문장을 시작하면 좋다. 첫 문장을 쓸 수 있는 다양한 방법을 짧게 정리해 보겠다. 또한, 『자존감 있는 글쓰기』(레몬북스) 에 수록된 글을 예로 들면서 이해를 도우려 한다.

첫 번째, 에피소드로 시작하는 방법이다. 자신의 경험을 글로 쓸 때 두 가지 방법을 제시하였다. 대화체로 시작하는 방법과 상황을 그리면서 묘사하는 방법이다.

1) 대화로 시작하는 방법 예

"언니 인공지능이 이제 작곡도 한대. 나 이제 어떡해?"

"그게 말이 돼? 이제 로봇이 창작도 한다고?"

오래전부터 뮤지컬 창작 작업을 같이해 온 친구가 있었다.

- 소제목 : 인생에는 차별화가 필요하다.

2) 경험을 설명하는 방법 예

대학 시절 극작법이라는 수업이 있었다. 극을 쓰는 방법에 대해 가르칠 줄 알았는데, 교수님은 우리에게 셰익스피어의 작품집을 가져오라고 했다. 그러더니 수업 시간 내내 그것을 필사하란다.

- 소제목 : 하루 1시간, 좋은 문장을 필사하라.

두 번째, 드라마나 영화를 활용하여 글을 쓰는 방법이다. 우리가 재미를 위해 보는 드라마도 글의 소재로 사용할 수 있다는 사실을 기억한다면 드라마도 앞으로 재미로만 보지는 않게 될 것이다.

"내가 한 20분 관찰했는데, 너 계속 걔 쳐다보더라. 찡그렸다가, 애잔했다가, 웃었다가 넋이 나갔던데?" 드라마 〈황금빛 내 인생〉에 나왔던 대사이다. 남자 주인공이 여자 주인공을 바라보는 모습을 친구가 지켜보다가 한 말이다.

– 소제목 : 사랑이란

『혼자 만화영화 좀 보는 게 어때서?』(조현주, 북오션) 중에서

세 번째, 좋은 글이나 명언을 이용하여 쓰는 방법은 첫 문장을 시작할 때 가장 쉬우면서도 임팩트를 줄 수 있는 방법이 아닐까 한다. 책에 나왔던 좋은 구절이나, 유명인의 명언을 인용해서 시작하는 것이다.

"사람들은 내가 입는 방식을 비웃었지만, 그것은 나의 성공 비밀이었다. 그것은 나를 다른 사람과 달라 보이게 했다." 현대 패션계에 큰 획을 그은 세기의 디자이너 가브리엘 코코 샤넬(1883–1971)의 말이다.

– 소제목 : 나를 차별화시키는 글쓰기

"간절히 원하면 온 우주가 꿈의 실현을 돕는다." 소설 연금술사 속의 유명한 구절이다.

- 소제목 : 글쓰기는 운명을 바꾸는 마법이다. -

네 번째, 신문 기사나 뉴스를 가지고 시작을 하는 방법이다. 이때는 신문 기사나 뉴스 등의 객관적인 정보를 바탕으로 자신의 시각을 담아서 서술해 주는 것이 중요하다.

사회가 점점 불안해지고 공무원 시험 응시자는 매년 역대 최대 인원이라는 기록을 경신한다. '평생직장'의 개념은 없어진 지 오래다. 이처럼 직장에 대한 인식이 변하면서 창업 세계에 뛰어드는 이들이 늘어나는 추세다. (…)

잡코리아와 알바몬이 성인 남녀 4,802명을 대상으로 설문조사를 진행한 결과, 10명 중 1명 이상이 창업했던 경험이 있는 것으로 나타났다. 또 10명 중 8명은 '언젠가는 창업할 것'이라는 계획을 하고 있었다.

- 소제목 : 글쓰기는 사업 아이템이 된다. -

이 방법 외에도 평소 내가 하는 생각을 한 문장으로 만들어 시작하는 방법이 있다. 내가 가지고 있는 가치관을 보여주는 일이기에, 평소 사물이나 사람에 대해 주체적으로 생각하는 연습을 하고 자연스럽게 쓰면 된다.

글쓰기는 지루하고 고단한 작업이라고 생각했다. 글을 쓴다고 하면 뭔가 고루해 보였다. 외적으로 빛나 보이지는 않았다. 작가로 이름을 날리는 사람들을 보면 하나같이 힘든 시기를 보냈다. 그리고 평범한 사람들이 겪지 않는 경험을 많이 했음을 알 수 있다.

– 소제목 : 내가 글을 쓰는 이유

또 한 가지 방법은 소제목의 주장에 의문을 가지며 질문으로 시작하는 것이다. 보통 사람들이 갖는 대중성이 있는 질문으로 시작해도 된다. 그리고 그에 대한 자기 생각을 서술한다.

우리가 운동하는 이유는 무엇인가? 사람마다 운동하는 목적은 다르겠지만 기본적으로는 건강한 체력을 유지하기 위해서다.

– 소제목 : 글쓰기 근육 기르기

여기에 궁금증을 주는 첫 문장 쓰는 팁을 더한다면, 서론에서 결과부터 이야기해 주는 것이다. 이 방법은 스토리텔링을 해야 하는 글쓰기에 더 적합하며 궁금증 때문에 끝까지 읽게 만드는 효과가 있다.

오늘 엄마가 죽었다.

– 알베르 카뮈의 『이방인』

특정 이름을 제목에서 언급해 주면서 궁금증을 유발하는 방법도 있다.

최미진은 어디로

– 이기호 작가의 『최미진은 어디로』

이 정도의 예시면 확실히 첫 문장을 쓰는 두려움에서 벗어날 수 있지 않을까? 뭐든 처음이 중요한 것처럼 글의 첫머리를 잘 시작하면 거침없이 글을 써나갈 수 있다. 중요한 건 계속해서 쓰고, 응용하면서 자신의 글을 발전 시켜 나가는 것이다.

3

잘 읽히는 글쓰기의 핵심 비법

얼마 전, 요즘 화제가 되는 드라마를 보기 시작했다. 몇 편만 보고 말아야지 생각했던 21회 분량의 드라마를 난 3일에 걸쳐 다 보았다. 계속해서 드라마를 볼 수 있게 만들었던 힘은 무엇일까? 바로 '재미'이다. 일단, 뭐든 재미가 있으면 우리는 계속해서 하게 되어 있다. 재미있는 글의 특징은 '사건'이 끊이지 않는다는 점도 있다. 독자가 예측할 수 있는 사건이 아닌 생각지도 못한 사건이 연속해서 나오면 몰입을 할 수밖에 없다. 앞을 전개될 내용이 궁금하기 때문이다.

이렇게 사건에 기대어 가는 '극'은 사건이 중요할 수밖에 없지만,

우리가 일반적으로 쓰는 글은 사건에만 기대어 갈 수는 없다. 에피소드도 있지만 생각도 함께 들어간다. 같은 이야기를 써도 어떤 글은 잘 읽히지 않는데, 어떤 글은 술술 읽히는 경험을 했을 것이다. 잘 읽히는 글을 '가독성이 좋다.'라고 하는데 가독성이 좋은 글이 좋은 글임에는 분명하다. 독자까지도 배려한 글이니까. 그렇다면 잘 읽히는 글에는 어떤 특징이 알아보도록 하자.

첫째, 내용적인 측면에서 잘 읽히는 글의 특징은 설명하지 않고 생생하게 보여주고 있다는 점이다. 누군가와 대화할 때도 마찬가지로 설명하는 사람들의 얘기를 듣고 있으면 지루하고, 빨리 그 자리를 벗어나고 싶어진다. 하지만 사건을 그리게끔 생생하게 묘사하는 사람들의 이야기는 이미지를 그리게 하기에 시간 가는 줄 모른다.

글도 마찬가지다. 설명은 그만두고, 사건 위주로 글을 써서 생생하게 이야기를 전달하는 느낌으로 쓰는 것이다. 그것을 바로 '스토리텔링'이라고 한다. 글쓰기에 대해 말을 하는 사람들이 속담을 자주 인용하곤 하는데, 바로 "말하지 말고 보여줘라!" 하는 것이다. 미국에 글쓰기 열풍을 몰고 왔던 작가 나탈리 골드버그가 자신의 책 『뼛속까지 내려가서 써라』에서 강조하고 있는 내용이다.

예를 들어, 내가 분노했던 일에 대해 글을 쓰려고 할 때 설명을 하면서 나는 이래서 분노했다고 쓰는 게 아니다. 분노라는 단어를 빼고, 무엇이 나를 분노하게 했는지 보여줘야 한다. 내가 느낀 감정을 있는 그대로 설명하지 말고, 상황을 생생하게 묘사하는 것이다. 내가 겪었던 사건, 이야기는 누구나 할 수 있다. 스토리를 보여주면 감정을 느끼는 건 독자의 몫이다.

내용적인 측면에서 한 가지 더 생각할 부분은 스토리를 사건의 순서대로 나열하는 것이 아니라, 구성을 생각하라는 것이다. '문단 배치를 다르게 하면 어떨까?' 생각을 끊임없이 하면서 시도하다 보면 더 맛깔스러운 구성을 찾을 수 있다. 전체 글을 보는 안목이 생기는 건 물론이고.

둘째, 형식적인 측면에서 살펴볼 점은 한 문장에 하나의 메시지만 담으라는 것이다. 일단 글을 쓸 때는 내용을 채우는 것이 중요하기에 떠오르는 대로 쓰는 것도 추천한다. 그렇게 내용이 채워졌을 때 우리는 형식을 다듬어야 한다. 잘 읽힐 수 있게 예쁘게 다듬는 작업이다. 요리로 하면 맛있는 음식을 더 맛있어 보이게 하는 플레이팅 작업이라고 할까.

한 문장에 하나의 메시지만 담는 방식은 글이 길어지는 것을 방지한다. 글이 길어지면 주어와 서술어가 호응하지 않을 때가 많고 읽기가 힘들다. 무슨 의미를 담고 있는지 한 번에 캐치가 안 되고, 문장을 재해석해야 하는 상황이 발생할 수도 있다. 한 문장에는 여러 이야기를 쓰지 말고 하나의 메시지만 담자. 문장의 길이가 짧아질 수밖에 없다. 문장을 짧게 써야 가독성이 좋아진다.

한 가지 더, 잘 읽히는 글쓰기 팁을 말한다면 접속사 줄이기다. 문장을 짧게 쓰다 보면 어쩔 수 없이 그리고, 그래서, 하지만, 또한 같은 접속사를 많이 사용할 수밖에 없는데 의식적으로 접속사를 빼서 쓰는 연습을 해 보자. 그래도 글이 된다. 꼭 필요한 위치에는 들어가야 하지만, 접속사를 빼면서 문장이 담백해지는 것을 느낄 수 있다.

내용적인 측면과 형식적인 측면에 있어 잘 읽히는 글쓰기의 비법에 대해 말해 보았는데, 글을 쓸 때 한꺼번에 적용하려고 하지 말고, 하나씩 적용해서 쓰는 연습을 하자. 잘 읽히는 글쓰기의 원칙은 의외로 간단한데 잘 쓰려고 하는 우리의 욕심으로 글이 과해지는지도 모른다. 중요한 건 글이 쉽고 명확해야 한다는 것! 이것만 기억한다면 누구나 잘 읽히는 글을 쓸 수 있다.

3

완벽한 글이 되는 퇴고의 원칙

글은 쓰면 쓸수록 더 잘 쓰고 싶다는 욕심이 난다. 하지만 자신이 쓴 글을 보고 있으면 한숨을 쉬게 되는 일이 더 많지 않은가! 그건 예전보다 자신의 글이 발전되고 있다는 방증이기도 할 거다. 적어도 글을 계속 써 왔을 테니 말이다.

작가 헤밍웨이는 '내 초고는 쓰레기였다.'라고 말하고, 괴테도 『파우스트』를 60년 가까이 썼다고 한다. 유명한 작가들도 처음부터 완벽한 문장을 쓰지 않았다. 오랜 시간을 두고 수십 번, 수백 번을 고치면서 완벽한 글을 쓸 수 있었다.

글을 쓰기로 했고, 어떤 글이든 완성했다면 자신에게 칭찬해줘야 한다. 불확실함 속에서 지속하기란 힘든데, 그걸 이겨내고 마침표를 찍었기 때문이다. 하지만 마침표를 찍었다고 해서 다가 아니다. 그때부터가 시작이다.

시간을 두고 글을 여러 번 고치고 다듬는 퇴고 단계를 반드시 거쳐야 한다. 퇴고를 통해 비로소 완벽한 글이 될 수 있다. 초고는 엉망이어도 여러 번 고치면서 명작이 탄생하게 되는 것이다.

나는 글을 쓸 때 크게 두 단계를 거쳐 쓴다. 처음에는 생각나는 대로 부담 없이 쓰고, 두 번째에서 고쳐 쓰면서 글을 마무리한다. 물론 처음부터 완벽하게 글을 쓰는 사람도 있다. 하지만 퇴고는 반드시 거쳐야 한다. 아무리 완벽한 문장이라고 해도 계속 읽다 보면 분명 고쳐야 할 지점이 보이기 때문이다.

원하는 양만큼 글을 썼다면 일정 시간 묵혀 두기를 권장한다. 글을 쓰고 나서 바로 고치려고 한다면 고칠 부분이 없다는 생각이 든다. 짧은 글은 몇 시간이라도, 긴 글은 며칠 정도 두고 다시 글을 본다면 새로운 시선에서 고쳐야 할 것들이 보인다.

난 한 권의 책을 쓸 때 초고를 완성한 다음, 일주일 정도 푹 쉰다. 가급적 글과 멀리 떨어져 있다가 퇴고를 시작한다. 그렇게 하면 새로운 시선으로 글을 접하게 되고, 고쳐야 할 것들이 많이 보여 수월하게 퇴고를 할 수 있다.

퇴고할 때는 컴퓨터 모니터로만 보는 것이 아니라 출력을 하는 것을 추천한다. 화면보다는 종이로 봤을 때 오탈자들이 더 쉽게 보인다. 소리 내 읽어 보는 것도 중요하다. 눈으로만 봤을 때 괜찮았던 문장이 말을 할 때 어색해지는 경우가 있기 때문이다. 이때 중요한 건 글쓴이가 아닌 독자의 입장으로 읽어 내려가며 문장이 쉽게 이해가 가는지, 의미 파악은 잘 되는지 체크하면서 문장을 부드럽게 고쳐 나가면 된다.

퇴고는 형식적인 부분과 내용적인 부분 두 가지를 생각하면서 하면 된다. 형식적인 부분은 문장의 오류라든지, 문단이 잘 나누어져 있는지, 맞춤법과 띄어쓰기 등이 틀리지 않았는지 등을 확인하는 것이다. 맞춤법 부분은 포털 사이트에 '맞춤법 검사기'라고 치면 여러 사이트가 나오니 선택해서 사용하면 된다.

내용적인 부분에서는 글의 흐름을 생각하면서 고치도록 하자. 하고자 하는 말이 잘 쓰였는지 보충할 부분을 찾아 보충하고, 불필요한 내용은 삭제한다. 글이 장황하게 설명되어 있으면 줄이고 불필요한 문장, 중복되는 문장이 있으면 삭제한다. 그리고 전체적인 글의 구성을 보면서 문장이나 문단의 위치를 바꿔 보면서 부분적으로 고쳐 나가는 것이 좋다.

글을 썼다면 주변에 자꾸 노출하고, 피드백을 받는 편이 좋다. 필력을 향상하는 데 분명 도움을 주기 때문이다. 피드백을 무조건 따르라는 건 아니지만, 객관적인 시선에서 보고 고칠 것들을 고치면 더 좋은 문장이 되는 건 사실이다.

거듭 말하지만, 처음부터 잘 쓴 글은 없다. 계속해서 고쳐 나가면서 완벽한 글이 완성된다. 퇴고를 두려워하지 않았으면 한다. 잘 고치는 능력이 잘 쓰는 능력이기도 하니까.

4

글이 안 써질 때 당장 할 수 있는 3가지 방법

글을 쓸 때, 술술 써지기보다는 안 써질 때가 더 많다. 그런데도 우리는 꾸준히 써야 한다. 왜? 글 쓰는 것도 습관이라 한번 손에 놓기 시작하면, 다시 쓰기가 힘들어지기 때문이다.

글이 안 써질 때는 왜 그런지 마음 상태를 점검해 보자. 글 쓰는 일에 부담을 가져서일 수도 있고, 잘 쓰려고 하는 욕심 때문일 수도 있고, 다른 생각들로 인해 마음이 어지러워서일 수도 있다. 글쓰기는 집중력을 요구하기에 글을 쓸 수 있는 마음 상태를 만들어 놓는 것이 중요하다. 글을 써야 하는데 안 될 때 이 방법들을 추천한다.

첫 번째, 21일 글쓰기 습관 목록에 있었던 '자유롭게 글쓰기'이다. 빈 종이에 어떠한 형식도 없이 지금 스쳐 가는 생각을 다 적는 것이다. 단어여도 좋고, 문장이어도 좋다. 이 생각이 났다가 저 생각이 났다가 할 것이다. 생각을 붙잡으려 하지 말고 떠오르는 대로 그냥 다 쓴다. 그렇게 하면 어떻게든 종이는 글자로 채워진다. '빈 종이가 어떻게든 채워졌네.' 하며 흐뭇하게 바라보면 된다.

글을 쓰려면 무엇보다 자유롭게 쓰기가 가능해야 한다. 누구의 눈치도 보지 않고, 나의 이야기를 하는 것. 문장을 말끔하게 다듬거나, 내용을 풍성하게 꾸미거나 하는 작업은 나중에 해도 된다. 솔직한 내 이야기를 꺼낼 수 있을 때 글만큼이나 자신도 자유로울 수 있다. 자유롭게 글쓰기를 하고 나중에 그 글을 다시 보면 한숨이 나올 수도 있다. 하지만 그 안에서 쓸 소재를 발견할 수도 있다.

두 번째, '필사'를 추천한다. 필사는 남의 글을 따라서 써 보는 것이다. 평소 자신이 좋아하는 작가의 글이나 문장을 가지고 있으면 좋다. 닮고 싶은 사람의 글이 있다면 더 좋고. 사람마다 자신의 고유한 성격이 있듯이 각자의 문체도 있다. 글을 쓰다 보면 나의 문체가 어떤지 발견할 수 있다.

필사는 다른 사람의 문장을 따라 쓰면서 문장의 여러 형태를 이해하고 터득하게 한다. 또한, 쓰는 단어들도 폭넓게 하며 좀 더 넓은 시야를 가질 수 있다. 필사하는 동안에는 잡생각이 들지 않는다는 것도 경험하게 된다. 몰입을 할 수 있게 해 준다. 책을 읽으면서는 가끔 다른 생각이 들 때도 있지만, 필사는 읽으면서 쓰는 행위까지 같이 가기에 다른 생각을 할 틈이 없다.

우리 안에 하고 싶은 많은 말이 있는데 글로 못 옮기는 이유가 정리를 못 해서일 수도 있다. 필사하면서 문장을 정리하는 힘을 키울 수도 있다. 필사하다 보면 자기 생각이 정리 되는 시점이 오고, 자신의 글을 쓰고 싶다는 생각이 든다. 그때 필사하던 문장을 응용해서 글을 써 보면 된다. 아이디어만 차용해서 말이다. 주의할 것은 표절이 되지 않게 하는 거다. 표절은 그대로 베끼는 거지만, 문장에서 아이디어만 가져다가 자기 생각을 넣어 새로운 문장을 쓰면 표절이 아니다.

세 번째, 주제와 관련된 책을 읽는 것이다. 쓰려고 하는 주제가 있는데 안 써지는 건 재료가 없어서일 수도 있다. 그럴 땐 쓰려고 하는 주제와 비슷한 이야기를 담고 있는 책을 찾아서 읽어보기를 추천한다. 책을 읽다 보면 내 생각과 비슷한 글이 있을 때 공감하게 되고 정리하고 싶어진다. 책에서 나온 문장들을 정리하다 보면 내 생각을 쓰고 싶다는 시점이 분명 온다. 그때 글을 쓰면 된다. 그리고 책을 많이 읽을수록 이야기가 많아지는 건 사실이다. 사실 대부분 글은 우리의 경험과 책 등에서 읽은 내용으로 채워진다. 경험에는 한계가 있지만, 책은 읽는 데는 한계가 없다. 잘 쓰기 위해선 많이 읽어야 하는 이유다.

무슨 일이든 잘되는 때가 있고, 잘되지 않는 때가 있다. 잘되는 때는 누구나 다 좋은 컨디션으로 지속할 수 있지만, 우리는 잘되지 않는 때를 관리해야 한다. 결국, 그때 승부가 달라지기 때문이다. 글이 안 써질 때 안 써진다고 손 놓지 말고 이러한 방법들을 조금씩 적용하면서 매일 쓰는 습관을 들여보자. 분명 당신의 인생이 달라질 것이다.

★ 당신의 첫 문장과 끝 문장은 무엇인가요?

《첫 문장 쓰기가 어렵다고요?》 내용을 종합하여 글쓰기

첫 문장 쓰기가 어렵다고요?

초판 1쇄 인쇄 2022년 3월 25일
1쇄 발행 2022년 4월 1일

지은이 조헌주

펴낸이 우세웅
책임편집 한희진
기획편집 김은지
콘텐츠기획 · 홍보 전다솔
북디자인 Gem

종이 페이퍼프라이스㈜
인쇄 ㈜다온피앤피

펴낸곳 슬로디미디어그룹
신고번호 제25100-2017-000035호
신고연월일 2017년 6월 13일
주소 서울특별시 마포구 월드컵북로 400, 상암동 서울산업진흥원(문화콘텐츠센터)5층 22호

전화 02)493-7780
팩스 0303)3442-7780
전자우편 slody925@gmail.com(원고투고 · 사업제휴)
홈페이지 slodymedia.modoo.at
블로그 slodymedia.xyz
페이스북.인스타그램 slodymedia

ISBN 979-11-6785-064-5 (03190)